HELSINKIIN

Tekstin mukautus

Riikka Kuningas

2018

Artemira Publishing

A

FINNISH EASY READING
HELPPOA LUETTAVAA SUOMEKSI

Finnish Easy Reading -teokset on kirjoitettu selkeällä kielellä alkuperäistekstin tyyliä ja tunnelmaa kunnioittaen. Lukija saa avukseen selkokieliset selitykset vaikeista ja harvinaisista sanoista. Finnish Easy Reading soveltuu oppimateriaaliksi, itsenäiseen opiskeluun tai kenelle tahansa innokkaalle lukijalle, joka on kiinnostunut suomalaisesta kirjallisuudesta.

A - Helppo, noin 800 sanaa
B - Keskitaso, noin 1200 sanaa
C - Vaativa, noin 1800 sanaa

2. painos, 2023

© 2018 Artemira Publishing
www.artemira.eu

Alkuperäisteos:
Juhani Aho: Helsinkiin. WSOY, 1889

Tekstin mukautus: Riikka Kuningas
Toimitus: Florin Dimulescu

ISBN: 9798862389197

Juhani Aho

Syntymänimeltään Johannes Brofeldt, Juhani Aho (11.9.1861 - 8.8.1921) oli ensimmäisiä ammattikirjailijoita, jotka kirjoittivat teoksensa suomeksi. Juhani Ahon tunnetuimpia kirjoja ovat *Rautatie*, jota pidetään hänen pääteoksenaan, sekä *Juha*, *Papin tytär* ja *Papin rouva*.

Helsinkiin on pienoisromaani, joka julkaistiin ensimmäisen kerran vuonna 1889.

I

Laivat olivat valmiina lähtemään Kuopion rannasta. Suurin ja komein laiva oli "Elias Lönnrot". Se vei matkustajia etelään, Helsinkiin ja muualle.

Oli sunnuntaiaamu. Uteliaat ihmiset tulivat rantaan katsomaan matkustajia. He kävelivät satamatorin läpi ja näyttivät siltä, että pelkäisivät laivalta myöhästymistä. Sitten he rauhoittuivat ja pysähtyivät laiturille vähän kauemmas. Sieltä he katselivat matkustajia.

Antti oli ylioppilas. Hän oli *suorittanut tutkintonsa* edellisenä keväänä. Antti seisoi laiturilla, hän oli lähdössä Helsinkiin opiskelemaan. Päässä oli valkoinen ylioppilaslakki ja hänellä oli uusi takki. Takin pienessä rintataskussa oli punaraitainen nenäliina. Antilla oli mukana matkalaukku.

– Kuule, Antti, eikö sinun pitäisi jo nousta laivaan? Se saattaa lähteä, ja sinä ehkä jäät laivasta.

Se oli Antin äiti. Koko perhe oli saattamassa Anttia: isä, äiti, kaksi sisarta ja myös muutamia sukulaisia ja tuttavia. He seisoivat Antin ympärillä ja odottivat, että laivan kello soisi kolmannen kerran.

Antti ei ollut hyvällä tuulella. Hän näytti hermostuneelta. Hänen vieressään seisoi äiti. Äiti oli lyhyt, hän *ylettä* juuri ja juuri poikansa kainaloon. Äiti yritti saada Antin huomion.

– Ketä sinä katselet, Antti? Onko siellä joku, kenet haluaisit tavata?

---

suorittaa tutkinto: valmistua koulusta; saada lopputodistus
ylettää: olla riittävän pitkä johonkin; yltää

– Ei ole.

Muut seurasivat Antin jokaista liikettä ja kasvojen *ilmettä*. Antti käänsi katseensa muualle. Vähän ajan päästä hän käänsi taas katseensa toisen laivan suuntaan.

– Muistitko, Antti, ottaa hanskat? Eihän sinulla ole niitä ollenkaan!

– Miksi minä laittaisin hanskat käteeni?

– Miksi et? Järvellä tuulee kylmästi. Tai ehkä sinä pysyt sisällä, pysy vain sisällä, Antti!

– Kyllä, kyllä!

– Miksi sinä olet niin kärsimätön? sanoi äiti. Hän näytti vähän loukkaantuneelta.

– Miksi sinä et anna Antin olla rauhassa? sanoi isä. Hän seisoi Antin toisella puolella ja halusi, että tämä odottaminen loppuisi. – Kyllähän tuollainen iso poika osaa pitää huolta itsestään.

Äidin silmissä oli kyyneleitä. Sisarienkin silmissä alkoi olla kyyneleitä. Kaikilla oli nyt nenäliina kädessä. Anttia *hävetti*. Hän haluaisi jo mennä laivaan, mutta äiti piti häntä hihasta kiinni.

Kukaan ei puhunut mitään pitkään aikaan. Ympärillä oli paljon ihmisiä. Laiturille tuli enemmän uteliaita. He seisoivat keskellä tietä ja matkustajien oli vaikea päästä eteenpäin. Hevoskärryt toivat satamaan lisää matkustajia ja tavaraa, jota vietiin laivaan. Kapteeni huusi ja *komensi*. Hän ei osannut hyvin suomea. Laivan piipuista nousi höyryä. Höyry peitti laivan takaosan valkoiseen pilveen.

---

ilme: kasvoilla näkyvä tunne
hävettää: sopimaton teko aiheuttaa häpeän tunteen
komentaa: sanoa, mitä pitää tehdä

Antti, hänen isänsä ja sisaret katselivat höyryä ajattelematta mitään. Mutta äiti vain katseli Anttia.

Isä oli lyhyt mies. Hänen takkinsa kaulus oli ylhäällä. Sisaria oli kaksi, he olivat vähän samannäköiset. Heillä molemmilla oli päällä samanlaiset vaatteet. Vanhempi sisar oli vähän vakavamman näköinen. Nuorempi oli vielä eloisa, hän oli vasta 20-vuotias.

Paikallaan seisominen alkoi tuntua sisaresta tylsältä. Tämä kääntyi puhumaan erään hyvän ystävänsä kanssa.

– Sinun veljesi menee Helsinkiin? Antti kuuli, että ystävä *kuiskasi*.

– Niin hän menee.

– Tuleeko hän jouluksi kotiin?

– Kyllä hän tulee.

– No, onko sinulla ikävä häntä?

– Kyllä koti tuntuu tyhjältä, kun hän on poissa.

– Eikös sinulla ole ikävä muitakin?

– Keitä muita?

– Pekkahan lähtee myös tällä laivalla. Missä hän on, kun häntä ei vielä näy?

– Voi voi, en minä tiedä. Ja laiva lähtee kohta!

– Tuolla hän jo juoksee!

Pekka oli Antin nuoremman sisaren, Annan, sulhanen. *Kihloista* oli kerrottu vain sukulaisille. Niistä ei haluttu puhua julkisesti, ennen kuin Pekka oli suorittanut papintutkintonsa. Sen pitäisi tapahtua jouluksi. Anna oli kuitenkin

---

kuiskata: puhua erittäin hiljaa, usein suoraan korvaan
kihlat: lupaus naimisiinmenosta

kertonut kihloista muutamalle parhaalle ystävälleen. Kihlaus oli suuri salaisuus, jonka tiesi koko kaupunki.

Pekka tervehti viileästi ja kohteliaasti morsiantaan, niin kuin kaikkia muitakin. Hän osasi käyttäytyä ja *hillitä tunteensa.*

Kun Pekka oli tervehtinyt ja kätellyt kaikki, hän alkoi kertoa, miksi oli myöhässä. Hän ei ollut saanut kyytiä ja niin edelleen. Sisaret ja kaikki sukulaiset kuuntelivat häntä. Pekka oli aina ollut tätien suosikki. Hän oli kunnollinen poika: ei tupakoinut, joi vain kahvia, teetä ja vettä, opiskeli ahkerasti ja jutteli mielellään.

Yhtäkkiä Antin äiti keskeytti Pekan. Hän pyysi, että Pekka pitäisi huolta Antista ja neuvoisi Anttia kuin nuorempaa veljeään. Pekka oli vanhempi ja kokeneempi. Antin piti kuunnella Pekkaa.

Antti ei pitänyt Pekasta. Hän ei ollut mikään lapsi enää. Hän pärjäisi ilman muiden neuvoja. Hän oli aikuinen mies ja kokenut enemmän kuin moni muu samanikäinen nuori mies. Antti oli myös ollut onnettomasti rakastunut – ja oli *parhaillaankin.*

Pekka vastasi äidin pyyntöön ja hymyili epämääräisesti. Kotona kaikki ihailivat Anttia, ja Pekka halusi *olla hyvissä väleissä* morsiamensa veljen kanssa.

– Terveisiä sisareltani. Minä saatoin hänet juuri *äsken* toiseen laivaan, Ilmaan. Hän olisi halunnut tulla sanomaan "Hei hei", mutta hän pelkäsi, että myöhästyy laivasta.

Antin sisaria harmitti, että he eivät saaneet sanoa Almalle hyvästiä. Jos olisi vielä aikaa käydä sanomassa! Mutta nyt

---
hillitä tunteensa: peittää tai kontrolloida tunteensa
parhaillaan: tällä hetkellä, juuri nyt
olla hyvissä väleissä: olla hyvä suhde
äsken: vähän aikaa sitten

ei enää *ehtii*.

Antti punastui, kun hän kuuli, että toiset puhuivat Almasta. Sisaret pyysivät, että Pekka veisi matkalaukun laivaan ja tulisi sitten vielä takaisin juttelemaan. Mutta silloin isä katsoi kelloaan ja ilmoitti melkein vihaisesti, että aikaa oli jäljellä puolitoista minuuttia. Pekan pitäisi hyvästellä ja nousta laivaan heti.

Äiti *tarttui* Antin takkiin ja veti tämän sivuun.

– Pane takkisi kiinni, Antti. Nyt tuulee niin kylmästi. Jos nouset laivassa *kannelle*, niin laita turkki päälle. Mutta missä on sinun kaulaliinasi?

– Siellä se on jossain. En minä tiedä.

– Ja kirjoita vähintään kerran viikossa.

– Kyllä minä kirjoitan.

– Ja yritä nyt, Antti, *elää* niin *säästäväisesti* kuin mahdollista. Tässä on sinulle vähän rahaa. Jos haluat leivoksia tai jos tarvitset solmion tai jotain.

Laivan kello soi kolmannen kerran, ja äiti työnsi rahaa Antin käteen.

Äiti halasi Anttia eikä halunnut päästää irti. Hän halusi pitää kiinni niin kauan, että laiva lähtee. Nyt hänen lapsensa lähtee pois suureen maailmaan. Äiti yritti suudella poikaansa, mutta Antti käänsi päänsä pois. Hän oli jo aikuinen eikä voinut enää suudella äitiään, kun kaikki katsoivat. Sitten hän kätteli äitiään ja muita ja nousi kiireesti laivaan.

Pekka osasi hyvästellä kohteliaammin. Hän kiitti ja kumarsi

---

ehtiä: olla aikaa tehdä jotain
tarttua: ottaa kiinni
kansi, kannen, kantta: laivan päällys, lattia
elää säästäväisesti: käyttää rahaa huolellisesti, taloudellisesti

9

kaikille, jotka toivottivat hänelle onnea. Hän katsoi silmiin jokaista, jota hän kätteli.

Laskusilta nostettiin kapteenin käskystä, melkein Pekan jalkojen alta.

Antti seisoi kannella ja yritti näyttää aikuiselta mieheltä. Kun katsoi täältä ylhäältä, niin vanhemmat ja sisaret näyttivät niin pieniltä laiturilla.

Laivaa alettiin siirtää hitaasti pois laiturista. Alhaalta kuului vielä äidin huuto:

– Antti, muista nyt, mitä olen sanonut! Hyvästi, Antti! Hyvästi, Antti!

Äiti heilutti nenäliinaansa. Pekka vastasi omalla nenäliinallaan, juoksi kantta pitkin, nosteli lakkiaan ja *nyökytteli* päätään. Antti ei tehnyt yhtään mitään. Hän seisoi paikoillaan ja kosketti vain pari kertaa lakkiaan.

– Heiluta sinäkin Antti! Etkö sinä näe, kuinka kaikki muut heiluttavat!

Silloin Antinkin täytyi ottaa nenäliinansa taskusta. Hän nosti sitä pari kertaa ja laittoi sen sitten takaisin taskuunsa.

Ilma–laiva oli lähtenyt laiturista samaan aikaan ja kulki nopeasti suuremman ja isomman Elias Lönnrot –laivan eteen.

– Hyvästi Pekka ja Antti! kuului yhtäkkiä naisen ääni Ilma–laivasta.

Alma, Pekan sisar, seisoi siellä laivalla ja heilutti valkoista liinaa. Pekka alkoi heti heiluttaa takaisin. Mutta Antti vain nosti lakkiaan kohteliaasti.

---

laskusilta: silta, jonka voi laskea alas ja nostaa ylös
nyökytellä: (tässä) tervehtiä liikuttamalla päätä ylös ja alas

Alma oli se, johon Antti oli ollut onnettomasti rakastunut
– ja oli vieläkin. Se oli ikävä ja surullinen juttu. Siksi hän
oli nyt kylmä kaikille, siksi hän ei voinut olla ystävällinen
edes omaisilleen. Siksi Antti halusi päästä vapauteen. Nyt
Alma oli lähdössä pohjoiseen, Antti etelään. Heidän tiensä
eroaisivat lopullisesti. Yhtäkkiä valkoinen höyrypilvi laskeutui Ilman piipusta ja peitti koko laivan. Almakin katosi
pilveen.

– Nyt se meni, *huokaisi* äiti rannalla. Hän lähti pois vasta
sitten, kun laiva katosi Väinölänniemen taakse. Valkoista
höyryä näkyi vielä hetken puiden yläpuolella. Rantatorilta
äiti katseli höyryä, kunnes sekin katosi.

Antin perhe poistui rannasta äänettömänä. Kukaan ei sanonut sanaakaan. Isä ei tavallisestikaan juuri koskaan puhunut. Nuoremmalla sisarella oli omat syynsä olla *vaiti*, ja
vanhempi sisar oli vaiti, koska äitikin oli vaiti.

He palasivat asuntoonsa hiljaisina. Etuovi oli kiinni, ja isä
ja Anna jäivät odottamaan, että ovi avataan. Anna piirteli kuvia pihan hiekkaan. Äiti meni vanhemman sisaren
kanssa keittiön ovesta ja päästi isän ja Annan sisälle.

Vähän sen jälkeen he söivät aamiaista, äänettömästi. Kukaan ei puhunut muuta kuin "Saanko voita?" tai "Haluaako
pappa vielä maitoa?" Sitten alkoi tavallinen jokapäiväinen
elämä. Isä istui ja kirjoitti työhuoneessaan. Sisaret tekivät
käsitöitä omassa huoneessaan. Huoneen ikkunasta näkyi
tori.

Äiti oli vähän aikaa makuuhuoneessa. Kun hän tuli *puoliltapäivin* laittamaan kahvia, hänen silmänsä olivat punaiset. Hän huokaisi silloin tällöin syvään. Koko perhe oli

---

huokaista: antaa ilman tulla suun kautta ulos
vaiti: hiljaa, ei puhu
puoliltapäivin: noin kello 12 päivällä

totisempi ja vakavampi kuin tavallisesti. *Vähitellen* kaikki tottuivat siihen.

---

totinen: vakava, ei hymyile
vähitellen: pikkuhiljaa, askel askeleelta

Kysymyksiä

1. Antti lähtee matkalle
   a. lentokentältä.
   b. juna-asemalta.
   c. laivasatamasta.

2. Antti oli lähdössä pois kotoa ja hänen äitinsä oli
   a. surullinen ja huolissaan.
   b. iloinen ja innoissaan.
   c. vihainen ja katkera.

3. Pekka oli
   a. Antin paras ystävä.
   b. Antin sisaren sulhanen.
   c. Antin koulukaveri.

4. Antti oli perheelleen
   a. ystävällinen ja kohtelias.
   b. välinpitämätön ja kylmä.
   c. vihamielinen ja epäkohtelias.

5. Kun Antin vanhemmat ja sisaret kävelivät kotiin,
   a. he juttelivat koko matkan iloisesti.
   b. he itkivät.
   c. he olivat aivan hiljaa.

II

Sillä aikaa Antti oli jo aloittanut uuden elämän. Hän oli menossa Helsinkiin.

Antti oli jo keväällä päättänyt aloittaa uuden elämän. Hänen kaverinsa olivat sanoneet, että heti kun he saavat valkolakin päähänsä, he alkavat elää uutta elämää. Ylioppilaaksi pääseminen olisi *käännekohta* heidän elämässään.

Koko kesän Antti oli odottanut sitä käännekohtaa. Mutta sitä ei tapahtunut. Perheessä ei tapahtunut mitään muutosta häntä kohtaan. Äiti ja sisaret olivat samanlaisia häntä kohtaan kuin ennenkin. Isä halusi ihan kuin *tahallaan* näyttää, että hänen mielestä Antti ei ollut sen suurempi herra kuin ennenkään.

Mutta muutos oli tulossa. Näihin aikoihin hän rakastui vakavasti Almaan.

Hän oli ollut rakastunut jo koulussa, mutta ei vielä vakavasti.

Ensimmäisen kerran hän rakastui lukiossa. Silloin hän rakastui kaupungin kauneimpaan tyttöön, joka kävi usein sisarien luona. Mutta hän ei kuitenkaan saanut vastarakkautta, vaikka hän käveli joka päivä tytön ikkunan alla. Ja juhlissa hän tanssi vain tytön tai sisariensa kanssa koko illan.

Tyttö oli rakastunut erääseen nuoreen maisteriin ja maisteri oli rakastunut tyttöön, mutta Antti ei halunnut uskoa

---

käännekohta: muutos, suuri tapahtuma elämässä
tahallaan: tietoisesti, tarkoituksellisesti

sitä. "Tapahtuu, mitä tapahtuu", päätti Antti. "Ensi vuonna minä *kosin*. Minä olen silloin kuusitoista vuotta vanha, ja hän täyttää yhdeksäntoista. Kolmen vuoden päästä olen ylioppilas, minä olen 19 ja hän on 22. Silloin julkaisemme kihlauksemme. Neljän vuoden kuluttua olen maisteri, minä olen 23 ja hän 26. Ei hän ole silloin liian vanha minulle."

Mutta ennen kuin Antti ehti kosia, kosi maisteri ensin. Hän sai tytön ja vei hänet vanhempiensa luokse maalle. Antti oli muutaman päivän onneton ja *halveksi* koko maailmaa. Silloin hän joi ensimmäisen kerran alkoholia ja alkoi polttaa tupakkaa.

Antti joi ja veti savua sisäänsä, niin että rintaan sattui. Seuraavana päivänä hän oli sairas. Äiti oli varma, että Antti oli saanut flunssan. Ja siitä lähtien Antin piti käyttää villapaitaa.

Kesällä loppui tämä rakkaus. Meni yli vuosi, ennen kuin Antti rakastui uudelleen. Mutta silloin se oli vakavaa.

Pekan sisar, Alma, oli totinen ja vakava. Hänen sinisissä silmissään oli äidillistä kiiltoa ja hän oli täynnä lämmintä hellyyttä. Hänellä oli pitkät, vaaleat hiukset. Antti rakastui häneen eräänä iltana, kun Alma soitti pianoa ja lauloi. Silloin rakkauden tunne jo avasi silmiään, mutta se heräsi vasta vähän myöhemmin. Antti oli sisarensa kanssa Pekan luona, Alma oli hoitamassa tämän kotia. Siellä oli eräs nuori rouva, jolla oli lapsi mukana. Kaikki tytöt *hellivät* lasta ja pitivät tätä sylissä, mutta kukaan ei osannut helliä lasta niin kuin Alma. Hän otti lapsen syliinsä ja suuteli sitä niin varmasti ja taitavasti, kuin olisi itse ollut äiti. "Jos Alma olisi vaimoni ja tuo lapseni", ajatteli Antti, "niin

---

kosia: pyytää naimisiin
halveksia: pitää huonona; väheksyä
helliä: (tässä) hoitaa

15

kuinka onnellinen voisin olla!"

Silloin Antti päätti opiskella, tehdä työtä ja suorittaa tutkintonsa pian. Tällä tavalla hän saisi Alman sanomaan "Tahdon" muutaman vuoden päästä. Tätä ennen Antti oli haaveillut seikkailuista rakkaansa kanssa, mutta nyt hän *ihaili* hiljaista kotielämää.

Hän alkoi ottaa latinan tunteja Pekalta, joka oli väliaikainen opettaja koulussa. Kun he olivat lopettaneet oppituntinsa, toi Alma tavallisesti kahvia ja istui pöydän toiselle puolelle. Heistä tuli hyvät ystävät. Antti jutteli Almalle kaikki asiansa. Hän kertoi mielellään edellisestä rakkaudestaan, mutta *vakuutti* aina samalla, että se oli historiaa. Koska Alma nauroi *herkästi* Antin jutuille, oli Antin helppo olla vitsikäs. Ja Alman nauru, millaiset hymykuopat se teki pehmeään, pyöreään poskeen.

Vaikka Antti oli rakastunut, niin kukaan ei sitä huomannut. Ei edes Alma. Koska Alma oli kuusi vuotta Anttia vanhempi, ei kukaan epäillyt mitään. Mutta Antilla oli asiasta varma mielipide: "Mitä muutaman vuoden ikäero merkitsee? Monessa kirjassa vanhempi nainen menee nuoren miehen kanssa naimisiin, ja sitten he elävät elämänsä onnellisina loppuun asti."

Kun Antti oli suorittanut ylioppilastutkintonsa ja palasi kotiin valkoinen lakki päässään, hän aikoi kertoa rakkaudestaan. Hän melkein *tunnusti* rakkautensa keväällä, ennen ensimmäistä Helsinkiin lähtöä. Alma tuli hakemaan Antin sisaria ulos ja kysyi heti, mikä Anttia vaivasi.

– En minä sano.

---

ihailla: tuntea kiinnostusta tai ihastusta; arvostaa
vakuuttaa: kertoa, että asia on totta
herkästi: (tässä) helposti
tunnustaa: kertoa jotain tärkeää; kertoa totuus

– Mikset sano?

– En voi sanoa koskaan.

– Etkö koskaan?

– Ehkä joskus, mutta en nyt.

Satamassa, ennen laivan lähtöä, hän oli saanut Almalta ruusun, ja Helsingissä hän oli ajatellut Almaa koko ajan. Antti oli jo miettinyt, kuinka kauan he olisivat salaa kihloissa vai kertoisivatko he kihlauksesta heti. Erittäin kauniita kihlakorttejakin hän oli nähnyt kirjakaupan ikkunassa. Kauneimmat kortit olivat sellaiset, missä kyyhkynen kantoi kahta sormusta. Toiseen sormukseen oli kirjoitettu "Alma" ja toiseen "Antti".

Kesällä oltiin isän maatilalla, ja Almakin oli siellä. Eräänä iltana elokuussa Antti ja Alma olivat järvellä soutelemassa. "Nyt jos koskaan!" päätti Antti. Hän lopetti soutamisen, katsoi vakavana järveä, mutta sitten hän alkoi taas soutaa. Hänen täytyisi sanoa se nyt! Mutta hän ei uskaltanut aloittaa. Hän ei tiennyt, miten aloittaisi. Silloin Alma käänsi veneen rantaa kohti. Antti pyysi, että soudellaan vielä, kun oli niin kaunista.

– Mitä varten?

– Soudellaan nyt, minä pyydän.

Kun Alma suostui, niin Antista tuntui, että nyt on se hetki. Samassa hän keksi, miten aloittaisi.

– Muistatko, Alma, kun minä keväällä puhuin asiasta, jota en koskaan kertoisi?

– Mutta sinä lupasit sanoa joskus.

– Taisin luvata.

– Etkö voisi sanoa nyt?

– Haluatko sinä kuulla sen?

– Sano nyt vain.

– Se on sitä, että minä rakastan sinua enemmän kuin ketään muuta ihmistä koko maailmassa.

Antti oli ajatellut sanoa asian ihan toisella tavalla. Ei näin typerästi ja yksinkertaisesti.

Alma ei sanonut mitään. Hän katsoi *melaa*, joka piirsi veden pintaa. Alma vei melan taakse ja alkoi kääntää venettä rantaan.

– Kuinka sinä voit Antti tehdä noin? Ole hyvä ja anna minun mennä rantaan.

Vene lähestyi rantaa ja pysähtyi. Kun Alma nousi veneestä, tarjosi Antti kätensä, jotta voisi auttaa Almaa, mutta Alma ei tarttunut käteen.

– Etkö vastaa mitään, Alma?

– Sinä olet vielä liian nuori ja kokematon, Antti. Kyllä sinä vielä löydät sopivan. Minä en voi olla sinulle mitään muuta kuin vanhempi sisar.

Ei siis tullut sitä käännekohtaa, jota Antti oli toivonut.

Mutta nyt se oli tullut!

Kuopion valkoinen kirkko jäi taakse kauemmas ja kauemmas. Laiva kääntyi niemen taakse, ja kirkko katosi kokonaan.

Antti käveli edestakaisin laivan kantta pitkin. Tuntui, että *entinen* elämä katosi pois. Miksi hän entistä elämäänsä muistelisi? Mennyt on mennyttä, eikä tämä poika sure!

Antti tunsi voimakkaita tunteita. Hän oli vapaa ja

---

mela: airo; sillä ohjataan ja soudetaan venettä
entinen: aikaisempi, vanha

itsenäinen. Hänellä oli niin hyvä mieli, että melkein tuli kyynel silmään. Alma oli sanonut hänelle: "Sinä olet vielä nuori ja kokematon. Kyllä sinä vielä löydät sen, joka sinulle sopii." Antti halusi näyttää, että hän ei ollut nuori ja kokematon. Hän oli jo mies! Hän suorittaisi tutkintonsa ainoastaan sen vuoksi, että Alma voisi nähdä, mikä mies hän oli. Hän saisi hyvän työn ja nousisi korkeaan *asemaan*. Mutta vaikka hän olisi varakas mies ja hänellä olisi pankissa rahaa, hän ei menisi naimisiin. Alma saisi nähdä, että hän todella rakasti Almaa.

Antti oli aivan varma, että näin hän tekisi. Ja hänestä alkoi tuntua, että hän oli jo hieno herra. Hänellä oli vapaus olla ja elää, niin kuin itse haluaa. Mikään *ei estä* häntä. Hän saa kehittyä vapaasti ja itsenäisesti.

Tätä asiaa Antti mietti, kun hän laskeutui kannelta alas laivan ravintolaan. Ja tätä ajatusta seurasi toinen ajatus: kihlat olisivat olleet vain este. Molemmat ajatukset saivat Antin tyytyväiseksi ja varmaksi, niin kuin aina, kun keksii jotain uutta ja alkuperäistä.

Kun Antti avasi ravintolan oven, hän *rypisti* otsaansa, veti ilmaa keuhkoihinsa niin, että rinta *kohosi* korkealle. Sitten hän puhalsi ilman nenän kautta ulos.

---

asema: status
estää: tehdä jokin tapahtuma mahdottomaksi; pysäyttää
rypistää: tehdä ryppyiseksi; vetää ryppyyn
kohota: nousta

Kysymyksiä

1. Antti odotti eniten, että
   a. hän löytää rakkauden.
   b. elämässä tapahtuu suuri muutos.
   c. opiskelu alkaa.

2. Antin ensimmäinen rakkaus oli
   a. samanikäinen kuin Antti.
   b. nuorempi kuin Antti.
   c. vanhempi kuin Antti.

3. Alma oli
   a. Antin ensimmäinen rakkaus.
   b. Antin toinen rakkaus.
   c. rakastunut Anttiin.

4. Antti alkoi opiskella ahkerasti, koska
   a. hän halusi mennä naimisiin Alman kanssa.
   b. Antin vanhemmat halusivat niin.
   c. hän ajatteli, että uuden oppiminen on tärkeää.

5. Kun Antti kertoi Almalle tunteistaan, Alma
   a. nauroi Antille päin kasvoja.
   b. torjui Antin ja sanoi, että tämä on liian nuori.
   c. oli iloinen ja onnellinen.

III

Melkein kaikki matkustajat olivat jo tulleet odottamaan aamiaista. Anttikin oli nyt oikea matkustaja, joka odotti aamiaista.

Siellä oli kaikenlaisia ihmisiä: Isomahaisia kauppiaita matkalla Pietariin. Pari vanhaa *neitoa*, jotka joivat kahvia ja arvostelivat kahta nuorta neitiä, jotka olivat ravintolan toisessa päässä. Nuoret neidit naureskelivat erään vanhemman herran kanssa – *nähtävästi* tämä oli joku merikapteeni. Lähellä neitoja istui Pekka. Toisessa paikassa tyhjän kahvikupin *ääressä loikoili* eräs hienosti pukeutunut herrasmies, jolla oli kulta*sankaiset* silmälasit. Kun Antti astui sisään, herrasmies teki erityisen liikkeen niskallaan, *sihautti* huulillaan ja tilasi sikarin tarjoilijalta. Antti kiinnitti huomiota tähän. Tällaista hän ei ollut koskaan ennen nähnyt.

Kun Antti oli laittanut takkinsa naulaan, hän *ei ollut näkevinään* Pekkaa ja tervehti hyvin viileästi vanhoja naisia, vaikka nämä olivat hänen hyviä tuttujaan. Mutta nuo kaksi vanhaa neitoa tulivat heti kysymään, eikö hänestä ollut ikävä lähteä kotoa. Lähteä pois kotoa suureen maailmaan.

Antti yritti ensin olla vastaamatta. Sitten hän sanoi, että hän ei tiennyt, mitä hänellä olisi ikävä ja alkoi kävellä

---

neito: neitonen, neiti, naimaton nainen
nähtävästi: ilmeisesti; näyttää siltä
ääressä: vieressä
loikoilla: maata; laiskotella
sangat: (monikko) silmälasien metalliset tai muoviset osat
sihauttaa: tehdä terävä s–äänne
ei olla näkevinään: teeskennellä, että ei näe

edestakaisin lattiaa pitkin.

Antin otsa oli rypyssä ja toinen käsi housun taskussa, toinen kosketti pieniä viiksiä. Hänestä tuntui mukavalta olla hyvin ja huolellisesti pukeutunut. Kengät olivat teräväkärkiset ja matalakantaiset, kuten oli muodissa, ja hyvin kiillotetut. Housut olivat vaaleat ja takki musta ja pitkä, niin kuin englantilaisella herrasmiehellä. Hän muisti, mitä hänen sisarensa olivat sanoneet, kun hän kerran oli katsellut itseään kylpyhuoneen peilistä. "On se kaunis poika, tuo meidän Antti" he olivat sanoneet.

– Onko aamiainen kohta valmis? hän kysyi tarjoilijalta.

– Vartin kuluttua, vastasi tämä.

Pekka kysyi kuiskaten, syökö Antti laivan ravintolassa.

– Miksi en söisi? vastasi Antti ja yritti näyttää yllättyneeltä Pekan kysymyksestä.

– Minä vain ajattelin, että kun meillä on omat *eväät*.

– Syön mieluummin ravintolassa.

Antti söi siis ravintolassa ja otti aluksi *ryypynkin*, jonka kapteeni tarjosi. He kilistivät lasejaan toistensa kanssa.

Kotona oli varoitettu ryypystä, ja Pekka oli kertonut, että se on terveydelle vahingollista. Pekalla oli kirjojakin, joissa kerrottiin samaa. Äiti ja sisaret olivat samaa mieltä Pekan kanssa. Mutta kun isä otti ryypyn, niin otti Anttikin. Hänen täytyi itse *vakuuttua* kaikista asioista. Kokemusta, kokemusta. Ihmisen täytyy saada kokemusta.

Hän tilasi myös olutta. Kun kapteeni pyysi puolikasta pulloa, niin Anttikin sihautti huulillaan ja pyysi tarjoilijalta

---

eväät: (monikko; yks.: eväs): oma ruoka kotoa
ryyppy: annos alkoholia
vakuuttua: tulla varmaksi; saada varmuus

ruotsiksi *"En half öl."* Joka kerta kun hän sitten nosti lasin huulilleen ja joi, katseli hän pitkin lasia niitä kahta nuorta neitosta, jotka istuivat häntä vastapäätä, vaikka hänen mielestään neitoset eivät olleet kauniita. Tarjoilija oli paljon kauniimpi. Hän oli kuitenkin kohtelias neitosille. Hän tarjosi heille, mitä heillä ei ollut varaa ottaa, ja sanoi joka kerta ruotsiksi *"Varsså go".* Ja siihen neitoset vastasivat yhtä monta kertaa *"Tackar".*

Antti mietti, mitä muuta hän voisi sanoa neitosille, mutta ei keksinyt mitään, millä aloittaisi. Sen sijaan hän osallistui kapteenien keskusteluun. He puhuivat ruotsia. Kapteeni kertoi juttuja vanhoilta matkoiltaan merellä. Antilla oli myös samanlainen vanha juttu. Hän kertoi sen, ja vaikka kapteenit oli tietysti kuulleet sen monta kertaa, nauroivat he kuitenkin vähän. Antti tunsi itsensä ylpeäksi ja rentoutui. Oli niin kuin hänen ja kapteenien välillä ei olisi ollut mitään eroa arvossa ja iässä. He olivat *yhdenvertaisia.* Hän ei koskaan ennen ollut tuntenut itseään näin varmaksi. Mutta, hän sanoi itselleen, näin ihminen pääsee kehittymään, kun saa olla ja liikkua vapaasti.

Kun noustiin pöydästä, tuli Pekka sisään ja pyysi lasin maitoa. Se oli Antin mielestä epäkohteliasta: Ensin syö omia eväitään kannella ja sitten tulee juomaan maitoa ravintolaan.

– Tuokaa minulle hyvä sikari, sanoi hienosti pukeutunut herrasmies. Aamiaisella hän ei ollut osallistunut herrojen keskusteluun. Näytti siltä, kuin hän olisi halveksinut koko *seuruetta.* Se vähän häiritsi Anttia. Hän kyllä osasi olla niin kuin vanha tottunut matkustaja. Mutta milloin hän voisi

---
en half öl: (ruotsi) puolikas kaljaa
varsså go: (ruotsi) olkaa hyvä
tackar: (ruotsi) kiitokset
yhdenvertainen: samanarvoinen, tasa-arvoinen
seurue: ryhmä, joukko

olla yhtä varma ja vakava, kuin tuo herra oli? Milloin hän voisi olla noin rento ja vapaa ja halveksia muita ihmisiä?

Pekka sytytti savukkeen ja tarjosi Antillekin. Mutta Antti sanoi, että hän polttaa mieluummin sikaria. Tarjoilija toi sen hänelle ja Antti katseli tarjoilijaa suoraan silmiin. Antti tunsi, kuinka hän oli vähän hermostunut.

Aamiaisen jälkeen kaikki matkustajat poistuivat ravintolasta. Antti istui tyhjän pöydän ääressä ja oli tutkivinaan kalenteria. Tarjoilija tyhjensi pöytää, ja Antti seurasi tätä: kuinka tämä kumartui pöydän yli, painoi rintansa sitä vasten ja paljasti käsivartensa. Antti olisi halunnut sanoa jotain leikillistä, mutta osasi ainoastaan kysyä, milloin tullaan Konnukseen.

– Kello kymmenen, vastasi tarjoilija, eikä Antti osannut jatkaa keskustelua.

Tarjoilija pyyhki pöydän, levitti sille vaalean liinan ja poistui keittiöön eikä tullut enää takaisin. Antti tuli vähän surulliseksi eikä hän oikein ymmärtänyt miksi. Hän nousi kannelle tupakkahuoneeseen. Sen ikkunasta näkyi maisemaa sekä taakse että sivuille.

Hän alkoi selailla sanomalehtiä, ja ensiksi hän otti Uuden Suomettaren.

Pääkirjoitus oli "Virkamiehet ja suomen kieli". Siis kieliriita! Hän ei ollut koko kesänä lukenut sanomalehtiä. Hänen täytyi tunnustaa, että hän ei oikein ymmärtänyt, mistä kieliriidassa oli kyse. Mutta heti kun hän pääsee Helsinkiin, hän alkaa lukea sanomalehtiä ylioppilashuoneella ja *perehtyä* kieliriitaan.

Aikaisemmin ruokasalissa Antti oli kysynyt Pekalta, pystyikö ylioppilashuoneella lukemaan kaikkia Suomen

---

perehtyä: tutustua asiaan

sanomalehtiä.

– On siellä kaikki oman maan lehdet, suomalaiset ja ruotsalaiset. Kuinka niin?

– Minä aion ruveta käymään joka aamu ylioppilashuoneella lukemassa sanomalehtiä.

– Se vie paljon aikaa nuorilta ylioppilailta, sanoi Pekka. Hänellä oli näissä asioissa vahvat mielipiteet.

– Ei se ole niin vaarallista, jos vähän vie aikaa ensimmäisellä *lukukaudella*.

– Jaa jaa, mutta katso, ettei mene toinenkin lukukausi. Monelta on mennytkin, ennen kuin ovat päässeet edes alkuun.

– Ei minulta mene.

– Hyvä olisi, ettei niin tapahdu.

– Minne sinä menet?

– Menen laivan etuosaan lukemaan.

– Lukemaan?

– Täytyy *käyttää* aika *hyväkseen*. Tentit alkavat pian lukukauden alussa. Ajattelin, että voin *kerrata* heprean kielioppia.

Heprean kielioppia! Niin ovat kovat ajat, että täytyy lukea heprean kielioppia jo, kun on menossa Helsinkiin! Mitä sitten, kun on Helsingissä?

Voisiko olla mahdollista, että hänen pitäisi heti paikalla Helsingissä istua kirjan ääreen! Niin ne siellä kotona ajattelivat. Mutta ne eivät ymmärrä näitä asioita oikein.

---

lukukausi: puoli opiskeluvuotta
käyttää hyväkseen: ottaa hyöty; hyödyntää
kerrata: opiskella vanha asia uudestaan

Niin no, kyllä hän tietysti opiskelee, totta kai hän lukee ja käy luennoilla. Hän jakaa päivänsä lukemiseen, luentoihin ja hauskanpitoon. Tai miksi hän ei käytä oikeaa sanaa: ei hauskanpitoon, vaan Helsingin elämän tutkimiseen. Se on myös aivan *välttämätöntä*, kaikki tekevät samalla tavalla. Pekkakin on tehnyt niin.

Aamiainen ja olut lämmittivät mukavasti. Sikari rauhoitti mielen. Elämä alkoi tuntua huolettomalta ja pehmeältä kuin pumpuli. Elämä oli kuin tällä pehmeällä sohvalla istuminen.

On tämä mukava laiva. *Kas*, kuinka tuo seinä on kiiltävä! Ja lukot ja avaimet myös. Tuota nappulaa kun painaa, niin kello soi ravintolassa. Ei tarvitse huutaa tai mennä sanomaan, jos haluaa tilata jotain. Jokaisessa hytissäkin on tuollainen nappula. Nykyajan matkustajat ovat vaativia. Ja Anttikin oli mielestään *vaativa* matkustaja. Hän olisi ollut tyytymätön, jos laiva ei olisi ollut niin mukava kuin se oli.

Hänen teki mieli kokeilla kelloa. Sikari oli sammunut, koska Antti oli vielä *tottumaton* polttaja. Ei ollut tikkuja. Liikkumatta paikaltaan hän painoi kellon nappulaa. Iloinen *kilinä* kuului ravintolassa. Tarjoilija kiirehti esiin.

– Saisinko tulitikkuja?

Kun tulitikut tulivat, Antti nousi ylemmäs istumaan ja nosti jalkansa sohvalle. Hän alkoi katsella maisemaa. Hetken järven rannalla näkyi talo ja sen saviset pellot. Siellä näytti harmaalta ja ikävältä.

Antille tuli ajatus. Mitä jos yhtäkkiä täytyisi jäädä asumaan

---

välttämätön: pakollinen
kas: sanotaan, kun huomaa jotain ja hämmästyy
vaativa: joka ei tyydy vähään; joka tarvitsee ja haluaa paljon
tottumaton: kokematon
kilinä: soittokellon ääni

tuollaiseen paikkaan? Nyt juuri, kun hän on menossa Helsinkiin, elämään Helsingin vilkasta elämää. Jos nyt pitäisi pysäyttää matka ja jäädä tuohon taloon koko syksyksi. Niin kuin moni hänen kaverinsa, jotka viettävät vuotensa maalla ja opiskelevat siellä. Kuinka se oli mahdollista? Ihmisen kohtalo ei voisi olla surkeampi.

Talot, pellot ja ihmiset katosivat. Niemen toiselta puolelta tuli näkyviin kartano. Tuo oli *sentään* jotain muuta. Keltainen päärakennus, jonka katolla liehui lippu. Siistit pellot, koivukuja rantaan, puistot ympärillä. Punainen saunarakennus ja sen edessä purjevene laiturissa.

Mielellään Antti sitä katseli, pyyhki kosteutta ikkunasta ja puhalsi savua sikaristaan. Millaista olisi asua sellaisessa kesällä, laivareitin varrella? Uida, purjehtia nuorten neitosten kanssa ja käydä vierailuilla hyvin pukeutuneena. Loikoilla riippumatossa ja lukea romaaneja. Sellaista hänen elämänsä vielä joskus olisi. Kun hän on päässyt eteenpäin elämässään ja rahaa riittää, niin hän rakentaa itselleen ison talon lähelle kaupunkia. Mutta naimisiin hän ei mene. Ja sen hän tekee *kostoksi* Almalle.

Laiva saapui Konnuksen kanavalle ja Antti nousi kannelle. Kapteenit ja se hieno herra seisoivat siellä. Antti meni seisomaan samaan ryhmään. Kapteeni kertoi, kuinka matala vesi oli eikä ollut varma, pääseekö laiva viikon päästä enää kanavan läpi.

– Vai niin! Todellakin! sanoivat herrat, ja Antti oli myös hämmästynyt.

Laiva *lipui* hitaasti kanavaan niin, että laidat melkein koskivat kallion reunaan.

---

sentään: tosiaan, totisesti, todellakin
kosto: rangaistus, takaisinmaksu
lipua: liikkua hiljaa ja kauniisti

Matkustajat tulivat hyteistään katselemaan, olisiko kanavalla mitään nähtävää. Toinen nuori neitonen nojasi kaiteeseen; toinen oli avannut tupakkahuoneen ikkunan ja katseli liikettä rannassa.

Antti käveli edestakaisin kanavan laidalla, hattu tahallaan vähän vinossa. *Ohimennen* hän vilkaisi neitosta, joka oli ikkunassa. Ja jos hän ei ollut aivan väärässä, katsoi neitonen samalla tavalla häntä. Matkalla mieli vaihtelee enemmän kuin missään muualla. Ja ennen kuin Antti ehti itsekään huomata, hän oli keksinyt tarinan itsestään ja neitosesta.

Kuka hän on ja minne hän matkustaa? Luultavasti Helsinkiin. Ehkä Antti saa Lappeenrannassa auttaa kantamaan hänen matkatavaransa. Ehkä he tutustuvat ja ajavat samalla kyydillä asemalle. Jollakin rautatieasemalla hän vie uuden tuttavansa ravintolaan ja kysyy, mitä hän voisi tarjota. "Kiitos paljon, te olette ystävällinen", sanoo neitonen ja miettii hetkisen. Sitten hän lisää ujosti: "Ehkä olette hyvä ja tarjoatte minulle kupin teetä." "Kaksi kuppia teetä" komentaa Antti. He istuvat juomaan, vähän muista asiakkaista *erilleen.* Neitonen ottaa hansikkaan pois hitaasti. Sitten laittaa pari kolme sokeripalaa kuppiin. He juovat, lähekkäin, ja juttelevat. Ihmiset katsovat heitä *syrjäsilmällä.* Asemasillalla tulee Pekka, joka on seurannut heitä kaukaa, ja kuiskaa uteliaasti korvaan: "Kuule, Antti, kuka on tuo neitonen?" "En minä tiedä, hän on vain satunnainen tuttavuus, pitää olla kohtelias." Antti tietää, että jo seuraavassa postissa Pekka kirjoittaa tästä kotiin. Kirjoittakoon! Kotona siitä puhuvat keskenään ja kertovat muillekin. Ja kohta koko kaupunki kertoo, että Antti on matkalla tutustunut erääseen kauniiseen ja rikkaaseen nuoreen neitiin ja heidät

---

ohimennen: pikaisesti, nopeasti
erilleen: sivuun, kauemmas
katsoa syrjäsilmällä: katsella niin, että toinen ei huomaa

on nähty yhdessä istumassa ja juomassa teetä. Saa nähdä, ovatko pian kihloissa! Kertokoot! Hän tahtoo olla Don Juan. Hänessä on paljon samaa kuin Don Juanissa. Tyttö rakastuu ensin häneen! Junassa hän *ei lakkaa* katselemasta suurilla silmillään. Lähempänä Helsinkiä he...

Laiva antoi lähtömerkin ja keskeytti Antin ajatukset. Hänen pitäisi nousta laivaan. Mutta hän ei ollut tietävinään laivan lähdöstä. Hän antoi laivan lähteä, käveli rauhallisesti vierelle ja hyppäsi sitten laivaan viimeisellä hetkellä. Antti olisi halunnut nähdä neitosen silmissä kysymyksen, jääkö hän todella tähän. Ja sitten ilon, kun hän ei jäänytkään. Mutta neitosta ei näkynyt enää. Molemmat neitoset olivat nousseet kannelle ja kulkivat edestakaisin reippaasti kävellen. He kääntyivät nopeasti aina kannen päässä. Antti käveli kannen toisella puolella ja yritti herättää neitosten huomion. Välillä hän käveli miettiväisen näköisenä ja kosketti viiksiään. Välillä hän pysähtyi katsomaan järveä. Huomaavatkohan nämä neitoset, kuinka kauniit maisemat täällä on? He kulkivat useita kertoja Antin ohi, mutta eivät katsoneet häntä mitenkään erityisesti. No, ei se mitään, ei Anttikaan välittänyt heistä. *Ei viitsinyt* heitä varten päätään kääntää. Antti katseli vain huvikseen veteen ja rannalle.

Antti alkoi kulkea edestakaisin ja vihelsi. Tupakan tumppi osui tielle ja hän potkaisi sen järveen.

– Milloin ollaan Savonlinnassa? Antti kysyi laivan työntekijältä.

Tämä ei kiirehtinyt vastaamaan.

– Noin seitsemän *maissa*.

Neitoset olivat juuri takana, ja Antti tahtoi kysyä

---

lakata: lopettaa; loppua
viitsiä: haluta tehdä jotain; vaivautua
maissa: (tässä) noin

työntekijältä jotakin niin, että neitosetkin kuulisivat.

– Mikä on tuo iso talo tuolla mäellä?

Mies mietti vastaustaan niin kauan, että neitoset ehtivät jo piipun taakse.

– Vokkolan talo.

Antti pyysi mieheltä kiikarit. Nyt olisi hyvä tilaisuus tarjota neitosille niitä ja päästä keskustelemaan heidän kanssaan. Antti toivoi, että he *osoittaisivat* vähän kiinnostusta. Mutta sitä ei tapahtunut, ja sitten yhtäkkiä he menivät kannen alle.

Leppävirroilla Antti astui pois laivasta, käveli vähän kauemmas rannasta ja katseli maisemaa niin kuin matkailija katselee. Neitoset kulkivat kaksi kertaa hänen ohi, kun he keräsivät kukkia. Antti otti oksan katajasta ja laittoi sen *napinläpeen*.

Antti palasi takaisin rantaan ja näki kaksi ylioppilasta vetämässä perässään suurta punaista laukkua. Antti tuli huonolle tuulelle ja käveli toista tietä laivaan.

Molemmat ylioppilaat olivat hänen kavereitaan, he olivat suorittaneet tutkintonsa viime keväänä. Hekin olivat menossa Helsinkiin. Antti ei halunnut tavata heitä.

Uudet matkustajat asettuivat laivan perään istumaan. Antti käveli edestakaisin kannella. Joka kerta, kun hän kääntyi rappusten kohdalla, hän olisi halunnut mennä alas tervehtimään. Mutta sitten hän päätti kuitenkin käydä vielä kerran kannen toisessa päässä. Ja niin hän käveli pitkän aikaa.

Koulussa oli hänen luokallaan ollut tavallaan kaksi ryhmää: suomalaiset ja ruotsalaiset. Luokka oli kuitenkin ollut

---

osoittaa: näyttää
napinläpi: paidan reikä, mihin nappi tulee

ensimmäinen puhtaasti suomenkielinen luokka. Ennen oli ollut aina kaksi erikielistä ryhmää jokaisella luokalla. Kielen lisäksi ryhmiä erotti *varallisuus* ja kotikasvatus.

"Ruotsalaiset" olivat niin sanotuista herrasperheistä: he olivat hienosti pukeutuneita, heillä oli enemmän rahaa, he kävivät iltaisin tansseissa ja lauloivat serenadeja. Kaupungin naiset pitivät heistä enemmän, koska heillä oli hienommat piirteet, *solakammat* vartalot ja vapaampi *käytös*. "Suomalaisista" suurin osa oli *vähävaraisia*, heidän vaatteensa olivat halpaa kangasta ja tehty kotona, heidän käytöksensä oli ujoa ja kömpelöä, ja suurissa tapahtumissa he usein istuivat sivussa. Useimmat heistä olivat erittäin köyhiä. Koulun ohessa heidän täytyi *ansaita elantonsa* ruumiillisella työllä, sillä aikaa kun "ruotsalaiset" kesäkuukausina lepäsivät ja pitivät hauskaa.

Salainen kateus kasvoi "suomalaisissa" toisia kavereita kohtaan. Välit olivat aina vähän kireät. Alaluokilla yhteentörmäykset synnyttivät usein tappelun. "Ruotsalaiset", joita oli vähemmän, *saivat selkäsaunan* ja heidän vaatteensa sotkettiin. Yläluokilla erimielisyys tuli selkeästi näkyviin. Luokassa oli joko kylmä vaitiolo tai *pisteliäs* sanasota. "Suomalaiset" olivat jo oppineet sanomalehdistä ja puheista, että he olivat "kansan lapsia", että koulu oli muutettu suomalaiseksi heitä varten. He päättivät, että heillä oli oikeus olla täällä, koska he olivat koulun taitavimpia oppilaita; opettajat kutsuivat heitä "oppilaitoksen ylpeydeksi".

Vaikka "ruotsalaiset" yleensä olivat heikoimpia oppilaita ja

---

varallisuus: omaisuus
solakka: hoikka, laiha
käytös: käyttäytyminen
vähävarainen: köyhä
ansaita elantonsa: saada toimeentulo, palkka
saada selkäsauna: saada ruumiillinen rangaistus; rangaista lyömällä
pisteliäs: ilkeä, epäystävällinen

vaikka heitä usein *kehotettiin* ottamaan esimerkkiä "suomalaisista", olivat he kuitenkin opettajien lempipoikia. Kun oli juhlat tai illalliset rehtorin tai opettajan luona, pyydettiin niihin melkein aina vain "ruotsalaisia", koska he osasivat pitää hauskaa, tanssia ja käyttäytyä. Aamulla he sitten kertoivat edellisen illan tapahtumista. Ne olivat erittäin hauskoja. Oli tanssittu, pidetty hauskaa neitosten kanssa, saatettu heidät kotiin, ja jos oli kuutamo tai kaunis ilma, oli tehty kävelyretki kaupungin ympäri. Usein oli laulettu serenadeja neitosten ikkunoiden alla. Oli ollut alkoholia ja savukkeita, joita he olivat saaneet nauttia. Illemmalla oli joku opettajakin tullut heidän kanssaan kilistämään.

Kaikesta kerrottiin ja naurettiin tahallaan kovalla äänellä, kun nähtiin, miten se harmitti "suomalaisia". Nämä *mököttivät* hiljaa ja olivat lukevinaan kirjojaan, mutta kuulivat kuitenkin jokaisen sanan. "Suomalaisista" tämä oli henkilökohtainen loukkaus, koska he eivät koskaan päässeet mukaan juhliin. Kaiken teki pahemmaksi se, että opettajat olivat ystävällisiä "ruotsalaisille", jotka olivat olleet juhlissa. Seuraavana päivänä opettajat tekivät heille vain helppoja kysymyksiä, jopa auttoivat vastaamaan. Tai eivät kysyneet "ruotsalaisilta" mitään, vaan kysyivät vain "suomalaisilta".

Joskus "ruotsalaisten" täytyi kuitenkin pyytää "suomalaisilta" apua. Näin tapahtui, kun oli tutkintoja ja kokeita. Ja näin tapahtui myös ylioppilaskirjoituksissa. Useimmat "ruotsalaisista" pääsivät ylioppilaiksi, koska "suomalaiset" auttoivat heitä. Kirjoitusten aikana miehet viettivät enemmän aikaa yhdessä. Joskus "suomalaisia" kutsuttiin "ruotsalaisten" perheisiin ja annettiin päivällisiä ilmaiseksi. Voutila, toinen ylioppilaista laivassa, oli esimerkiksi koko viime vuoden syönyt Antin kotona ja saanut ilman

---

kehottaa: rohkaista; neuvoa
mököttää: olla vihainen ja hiljaa

vuokraa asua pienessä huoneessa pihan toisella puolella. Maksuksi Voutila oli opettanut Antille matematiikkaa ja auttanut ylioppilaskirjoituksissa.

"Suomalaisilla" oli myös "isänmaallisia harrastuksia", joita "ruotsalaisilla" ei ollut. Loma–aikoina "suomalaiset" keräsivät satuja ja vanhoja esineitä, pitivät luentoja ja järjestivät kansanjuhlia.

"Ruotsalaisetkin" yrittävät harrastaa, mutta kaikki jäi kesken. Antti esimerkiksi – hän kuului "ruotsalaisiin" – oli kerran päättänyt kerätä sananlaskuja suoraan kansalta. Siitä puhuttiin paljon kotona, ja sisaret tekivät hänelle vihkon työtä varten. Hän myös *teetti* matkapuvun, johon kuului myös uudet kengät. Mutta kun hän oli muutamia päiviä kävellyt naapuritaloissa, alkoi kenkä *hangata* kantapäätä. Hän kyllästyi ja palasi kotiin. Kotona huomattiin, että sananlaskut, jotka Antti oli kerännyt, oli julkaistu aikaisemmin.

Kaikesta huolimatta olivat "ruotsalaiset" joka paikassa *ylimpänä*. Kun lähdettiin Helsinkiin, sisaria, äitejä, serkkuja ja muita naistuttavia seisoi "ruotsalaisten" ympärillä, toivotettiin onnea matkalle ja heilutettiin nenäliinoja. "Suomalaiset" seisoivat synkkinä sivussa, mielessä kiitollisuudenvelka ja sydämessä katkera tunne.

Antti käveli kannella ja ajatteli sitä vaikeaa suhdetta, joka oli koulussa kavereiden välillä ollut. Mutta tärkein syy, miksi hän ei halunnut tavata kavereitaan, oli eräs ikävä tapaus, joka oli tapahtunut viime kesänä. Antin isän maatila on Rautalammilla, ja he viettivät siellä kesää. Paikkakunnan "suomalaiset" olivat järjestäneet kansanjuhlan. Kun juhlissa tanssittiin, tuli eräs talonpoika pyytämään Antin

---
teettää: tilata työ toiselta
hangata: (kengästä) painaa, hieroa jalan ihoa niin, että iho menee rikki
olla ylimpänä: (tässä) olla korkein status; olla tärkein

sisarta tanssimaan. Sisar oli kieltäytynyt. Tapahtumasta kirjoitettiin paikkakunnan lehteen. Tapahtuma nähtiin »osoituksena siitä, miten "ruotsalaiset" ajattelevat, että he ovat parempia kuin "suomalaiset" ja miten he katsovat tavallista kansaa alaspäin. Kun talonpoika tulee puhumaan, niin hieno neiti *kääntää hänelle selkänsä*. Hävetkää, meidän *herrasväkemme*!»

Kirjoitus synnytti suurta suuttumusta ja paikkakunta jakautui kahteen osaan. Kerrottiin, että jutun oli kirjoittanut Voutila. Väitettiin, että kirjoitus oli kosto Antin sisarelle, johon Voutila oli ihastunut. Myös Antti suuttui ja alkoi syyttää Voutilaa. Voutila suuttui, puhui paljon herrasväen ylpeydestä ja epäisänmaallisuudesta. Sen jälkeen he eivät olleet toisiaan tavanneet, ennen kuin äsken.

Antti mietti kauan, menisikö alas. Hän tunsi itsensä turvattomaksi näiden kahden kanssa.

Lopulta hän kuitenkin päätti mennä.

– Kas, täälläkö tekin olette? Te tulitte Leppävirroilta? Minä en ollenkaan huomannut. On vähän kylmä. Vai niin, te kai myös matkustatte Helsinkiin?

He olivat *jäykkiä* ja huulilla oli vähän *itserakas* hymy. He katselivat Anttia päästä jalkoihin, ja Antista tuntui, kuin joku olisi lyönyt häntä kylmällä kädellä kasvoihin.

– Helsinkiin minäkin. Joko teillä on asunto siellä? Minä en tiedä vielä, missä asun. Täytyy varmaan mennä johonkin hotelliin ensimmäiseksi yöksi.

– Ei ole meilläkään asuntoa vielä.

---

kääntää selkänsä: hylätä; osoittaa, että ei ole kiinnostunut
herrasväki: paremmat, rikkaammat ihmiset
jäykkä: kova; (tässä) kylmä
itserakas: egoistinen, narsistinen

He jatkoivat keskustelua kahdestaan ja unohtivat Antin kokonaan. Antti kumartui eteenpäin, oli valmiina kuuntelemaan, koska ei voinut heti lähteä pois. Ylioppilaat puhuivat tulevasta opiskelusta. He olivat jo päättäneet, mitä luentoja kuuntelevat. He tiesivät jo professorien nimetkin. Kun Antti kuunteli luennoista ja professoreista, hänelle tuli epävarma olo. Nuo tiesivät, mitä aikoivat tehdä. He tiesivät jo vuodenkin, milloin valmistuisivat. Antti ei ollut ajatellut vielä mitään. Köyhät talonpojat pääsevät joskus hyvin pitkälle elämässä. Antti oli joskus kuullut hyviä esimerkkejä niistä, jotka olivat syntyneet *matalissa majoissa*, köyhiin perheisiin. Ja päinvastoin varakkaiden perheiden lapsista ei tullut koskaan mitään suurta. Hänen tiensä oli kuitenkin jo määrätty. Hän vain odotti tilaisuutta, jotta voisi kertoa kavereilleen suunnitelmiaan.

– Minä aion juristiksi, ilmoitti hän, kun puheeseen tuli tauko. Sitten hän selitti kaikki suunnitelmansa. Hän suorittaa oikeustutkinnon, seuraa tuomarin työtä oikeudessa ja saa varatuomarin arvonimen, ja sitten hän saa helposti hyviä *virkoja*.

Hänen puheensa ei tehnyt toivottua vaikutusta. Kaverit kuuntelivat häntä, ja kun hän oli lopettanut, kysyi Voutila *silmät pilkallisina*, hyvin hiljaisella äänellä:

– Mikset sinä, Antti, ruvennut opiskelemaan matematiikkaa?

Antti ymmärsi, mitä Voutila tarkoitti. Juuri silloin tuli hyvä tilaisuus poistua. Kapteeni kulki ohi ja kääntyi Antin puoleen ja näytti hänelle kiviä, joihin eräs toinen laiva oli äsken törmännyt. Samalla kun kapteeni puhui Antille, hän

---

matala maja: vaatimaton koti, köyhä koti
virka: kaupungin tai valtion työpaikka
silmät pilkallisina: ilkeät, ylimieliset silmät

arvosteli ylioppilaita katseellaan, kuin hän olisi halunnut kysyä Antilta: "Keitä nuo ovat?"

Kapteenin arvosteleva katse tarkoitti luultavasti ylioppilaiden vaatteita. Molemmilla oli villakangastakki. Luultavasti joku maalais*räätäli* oli ommellut puvun. Puku yritti olla muodikas, mutta oli epäonnistunut surkeasti. Housut olivat lyhyet ja tiukat, kengät isot, eikä kenkiä ollut kiillotettu.

Antti oli virheetön ja hieno. Puku *istui hänen päällään kuin valettu*. Kaikki oli parhaassa kunnossa. Antti jatkoi keskusteluaan kapteenin kanssa.

Ylioppilaat nousivat ja aikoivat mennä kahville. Kun he avasivat oven, olivat neitoset menossa ulos samaan aikaan. Siinä he seisoivat oven molemmin puolin ja odottivat, ketkä ensin astuvat kynnyksen yli. Neitoset ottivat ensimmäisen askeleen, mutta astuivat taaksepäin, kun ylioppilaat astuivat samaan aikaan eteenpäin. Nyt jäivät ylioppilaat odottamaan. Mutta juuri kun neitosten piti astua ulos, astuivat myös ylioppilaat ja ovella tapahtui törmäys. Neitoset katsoivat halveksien ylioppilaiden perään, kun ovi oli jo sulkeutunut.

– Mikä *moukka*! irvisti neitonen ja *silmäili* Anttia, kuin olisi pyytänyt tätä olemaan samaa mieltä.

Antti oli kannella päivälliseen asti. Ovella tulivat häntä vastaan hänen kaverinsa, pois ravintolasta. Heillä ei ollut varaa syödä laivan kalliita ruokia. Antti kysyi heiltä:

– No, tuletteko te jo pois? Ettekö syö päivällistä ravintolassa?

---

arvostella: arvottaa; kritisoida
räätäli: ompelija
istua kuin valettu: (vaatteista) sopia erittäin hyvin päälle
moukka: sivistymätön, epäkohtelias, huonokäytöksinen
silmäillä: katsella

Ylioppilaat ottivat Antin kysymyksen tahallisena loukkauksena. He eivät vastanneet, mutta heidän katseensa oli terävä, vihainen ja kylmä. Se oli *huonompiosaisten* äänetön *sodanjulistus*. Heistä tuli nyt Antin elinikäisiä, salaisia vihamiehiä.

– Syö sinä nyt siellä. Vielä joku päivä syömme mekin.

Kun ylioppilaat menivät, he purivat hammasta niin, että poskiin sattui.

---

huonompiosainen: köyhä, epäonninen
sodanjulistus: ilmoitus, että sota on alkanut

Kysymyksiä

1. Antti tarjosi laivalla neideille syötävää ja juotavaa, koska
   a. neidit olivat kauniita.
   b. neidit olivat Antin ystäviä.
   c. se oli kohteliasta.

2. Pekka ei halunnut syödä laivan ravintolassa, koska
   a. Antti halusi syödä siellä.
   b. ravintolan ruoka ei ollut hyvää.
   c. hänellä oli eväät mukana.

3. Koulussa ruotsinkieliset
   a. olivat suomenkielisten hyviä ystäviä.
   b. olivat parempia oppilaita kuin suomenkieliset.
   c. olivat rikkaampia ja suositumpia kuin suomenkieliset.

4. Voutila kysyi Antilta, miksi Antti ei alkanut opiskella matematiikka, koska
   a. hän tiesi, että Antti oli huono matematiikassa ja hän halusi olla ilkeä.
   b. hän ajatteli, että matematiikan opiskeleminen sopisi Antille.
   c. hän oli kiinnostunut Antin opiskelusta.

5. Antti tunsi itsensä epävarmaksi Voutilan seurassa, koska
   a. Voutila tiesi jo tarkkaan, mitä aikoo tehdä Helsingissä.
   b. Voutilan puku oli muodikas.
   c. Voutila oli rakastunut Antin siskoon.

IV

Päivällisellä Antti kävi istumaan niin, että tarjoilijan täytyi kumartua hänen edessään aina, kun tarjosi ruokaa muille. Antti oli melkein tarjoilijan kainalossa, kun vastapäätä istunut otti ruokaa. Tarjoilijalla oli harmaa villahame ja punainen tiukka trikooliivi, mikä lämmitti Antin mieltä. Koko päivällisen ajan Antti ajatteli tarjoilijaa, ja hän unohti neitoset.

– Herra Ljungberg varmaan tuntee nuo kaksi ylioppilasta, jotka tulivat Leppävirroilta laivaan? kysyi kapteeni Antilta.

– Heidän nimensä ovat Miettinen ja Voutila.

– Siis ylioppilaita maalta? Niin minä ajattelinkin.

Kun kapteeni oli ottanut ryypyn, hän jatkoi, että oli *kummallista*, kuinka nykyään niin monella ylioppilaalla oli suomalainen nimi. Hän sanoi, että puolella ylioppilaista, joille hän tänä kesänä oli kirjoittanut laivalipun, oli ollut suomalainen nimi.

Keskusteluun osallistuivat myös tuo herra, jota Antti ei tuntenut, ja eräs oikeuden työntekijä, joka oli tulossa kesälomaltaan takaisin.

– Sanotaan, että neroja menee hukkaan ja isänmaa kärsii, jos kaikilla ei ole mahdollisuutta päästä eteenpäin elämässä, sanoi kapteeni. Mutta jos minä saan sanoa mielipiteeni, niin suomalaisesta ylioppilaasta ei usein tule taitavaa virkamiestä. Vai onko kukaan teistä herroista nähnyt ketään suomalaista korkeassa ja tärkeässä virassa?

---

kummallinen: outo, epätavallinen

Hän huomautti, että jos hän tietää oikein, niin kaikilla tärkeillä virkamiehillä oli ruotsalainen nimi.

– Aivan niin! Ja niin on myös tulevaisuudessa. Varallisuus on jakautunut siten, että sivistyneiden lapsilla on oikeus uraan. Maanviljelijän pojasta tulee vain pappi tai kirjanpitäjä. Hänen on täytynyt keskeyttää opiskelut, koska hänellä ei ole rahaa tai on suuret velat.

Oikeuden työntekijäkin kertoi huolestuneena mielipiteensä veloista.

– Ylioppilaiden *kevytmielinen* velkaantuminen alkaa olla yksi meidän kansamme pahe. Ei ole enää mikään häpeä ottaa velkaa ja jättää se maksamatta.

– Tällaista velkaantumista on vain Suomessa, osallistui keskusteluun tuntematon herra. Hän oli asunut suuren osan elämästään ulkomailla ja huomannut, että muissa maissa virkamiehiksi pääsevät vain ne, joilla on varaa opiskella. Muut menevät *käytännön töihin*.

Tästä kapteeni innostui.

– Juuri niin meilläkin pitäisi olla! Meilläkin täytyisi kasvattaa miehiä käytännön töihin. Mutta ei, meillä tehdään päinvastoin. Täällä vain perustetaan klassillisia kouluja. Niistä ei ole Suomen kansalle mitään hyötyä.

Kapteeni uskalsi sanoa, mitä hän ajatteli.

– Kuulostaa ehkä paradoksilta, sanoi hän, mutta minä uskallan sanoa, että klassillisten koulujen, joissa koulutetaan virkamiehiä, pitäisi olla ruotsinkielisiä. Ruotsinkielisiä virkakouluja, suomenkielisiä ammattikouluja! Silloin ei tulisi sitä kilpailua, jonka varakkaampi nyt voittaa ja joka

---

kevytmielinen: ajattelematon, huolimaton
käytännön työ: ruumiillinen työ; työ, jota tehdään käsillä

tekee toisen katkeraksi. *Sillä* varakkaan miehen poika on aina etusijalla ja ottaa viran köyhän nenän edestä. Minä olen sydämestäni demokraatti. Eläköön vapaa kilpailu, silloin kun se on hyödyksi. Puhun kokemuksestani. Isäni antoi minun olla koulussa neljä luokkaa, mutta koska hän oli viisas ja käytännöllinen mies, hän otti minut pois koulusta, kun olin saanut vähän alkeita päähäni, ja lähetti minut merille. Nyt olen velaton mies. Isänmaa ei ole hävinnyt kaupassa mitään, minä en ole hävinnyt kaupassa mitään. Isänmaa on voittanut sen, että nyt on yksi velkaantunut virkamies vähemmän.

Kaikki olivat samaa mieltä siitä, että hallituksen ja yliopistojen pitäisi rakentaa esteitä ylioppilas*tulvalle*. Ehkä paras tapa olisi nostaa koulumaksuja tai tehdä vaikeampi ylioppilastutkinto.

Viisaita miehiä. Antista tuntui, että miehet puhuivat kuin hänen suullaan. Juuri näin hänkin oli ajatellut, vaikka ei yhtä selvästi. Hän oli oikea mies omalla paikallaan ja hänellä oli täysi oikeus tähän paikkaan.

Hänen ei tarvitsisi koskaan tehdä velkaa. Kuinkahan paljon Voutilalla oli velkaa? Tämä oli koko kouluaikansa opiskellut velaksi. Velka olisi aina hänellä *rasitteena*. Kyllä Antti tietysti sääli Voutilaa, mutta eihän Voutila voi vaatia, että kaikki aina auttavat häntä. Ja mikä oli kiitos auttamisesta? Huonosti oli Voutila sanomalehtikirjoituksellaan palkinnut sen, että Antin isä oli häntä auttanut.

Päivällisen jälkeen Antti kävi sohvalle lepäämään sikari hampaissaan, ja nousi silloin tällöin maistamaan likööriä ja kahvia, jotka olivat pöydällä hänen edessään.

---

sillä: nimittäin, koska
tulva: valtava määrä
rasite: haitta, ongelma, este

Poskia lämmitti. Oli mahdottoman mukavaa tällä tavalla puhaltaa sikarin savua ylös kattoon. Hän on merenkulkija maailman merellä. Hän on ja elää, nauttii nuoruudesta eikä huolehdi mistään. Ei mitään väliä, mihin laiva menee. Ihmisten pitäisi jo nuorina antaa onnen ohjata elämää. Mennä vain! Levätä ilman huolia!

Laiva *kulki kulkuaan*. Kaikki matkustajat olivat menneet hytteihinsä tai kannen alle. Antti oli yksin ravintolassa.

"Mitähän ne nyt siellä kotona tekevät," tuli hänen mieleensä. "Isä on luultavasti lukinnut ovensa ja mennyt lepäämään. Tunnin kuluttua palvelija vie hänelle kahvia. Miksei ne juo siellä kotona kahvia heti ruoan jälkeen? Kun minä tulen kotiin, niin järjestän asian niin. Sisaret varmaan kävelevät päivällisen jälkeen olohuoneen lattiaa edestakaisin, kädet selän takana. Äiti puuhailee vielä keittiössä."

Tarjoilija tuli sisään ja Antin ajatus katkesi. Tarjoilija otti pois kahvikupit, laittoi liinat pöydille ja tuhkakupit paikoilleen. Yhden hän laittoi Antin eteen.

– Olkaa hyvä! hän sanoi.

Antti huomasi, että sikari oli taas sammunut.

– Voisinko saada tulta?

Tarjoilija toi tikkuja, *raapaisi tulta* ja tarjosi sitä Antille.

– Olkaa hyvä! Hän sanoi taas ja katsoi Anttia silmiin.

Miksi hän sanoi "Olkaa hyvä" ja katsoi silmiin? Halusiko hän keskustella? Halusiko hän tutustua?

– Kiitoksia, vastasi Antti, mutta ei keksinyt, mitä muuta sanoisi. Tarjoilija meni ulos.

---

kulkea kulkuaan: jatkaa matkaa
raapaista tulta: sytyttää tulitikku

Antti yritti muistella, mitä oli ajatellut äsken, ennen kuin tarjoilija oli tullut sisään, mutta ei millään muistanut. Sikari maistui väkevältä, ja päätä huimasi. Antti heitti sikarin pois ja *pani pitkäkseen.*

Antti nukahti ja näki unta. Äiti käveli tuossa lattialla, mutta kun hän istui surullisen näköisenä toiselle puolelle huonetta, se olikin Alma. Sieltä se nousi ylös, tuli Antin lähelle, kosketti jalkoja ja tarjosi kahvia ja olikin heidän palvelijansa. Mutta kun Antti yritti koskettaa tätä, muuttui se tarjoilijaksi. Tämä tuli lähelle, istui sängyn laidalle ja raapaisi tulta aivan silmien alla.

Antti heräsi ja huomasi, että ravintolassa sytytettiin lamppuja.

Tarjoilija oli pöydällä polvillaan ja laittoi lasikupua lamppuun.

Antille tuli vastustamaton halu mennä ottamaan tarjoilijaa kiinni molemmista käsistä. Suudella väkisin, niin kuin oli kotona tehnyt palvelijalle. Mutta hän pelkäsi, että tarjoilija suuttuu. Hän odotti, että tarjoilija tulisi alas pöydältä. Mutta tämä tuli alas niin helposti, että Antti *ei keh*annut* häneen koskea. Mutta vielä oli kaksi lamppua, yksi aivan Antin pään päällä, siinä missä hän istui. Silloin hän ehkä...

Mutta ennen kuin tarjoilija tuli Antin luo, alkoivat matkustajat taas tulla ravintolaan. Useimmat olivat nukkuneet ja näyttivät unisilta. Merikapteeni pyysi taas juotavaa ja Anttikin pyysi.

Molemmat kapteenit halusivat pelata whistiä.

Kauppias tuli kolmanneksi pelaajaksi. Mutta neljäs pelaaja puuttui.

---

panna pitkäkseen: käydä makaamaan
kehdata: viitsiä; haluta; uskaltaa

– Pelaako herra Ljungberg whistiä?

Antin täytyi tunnustaa, että valitettavasti hän ei osaa pelata. Ainoastaan knorria.

– Knorria! kapteenit *purskahtivat nauramaan.* Teidän kasvatuksenne on vielä aivan alussa, nuori herra!

Anttia suututti, että hän ei osannut pelata whistiä. Hänestä tuntui siltä, kuin hän olisi ollut vielä koulupoika.

Korttipeli täytyi saada järjestymään. Silloin Pekka tuli sisään, tukka epäjärjestyksessä, sillä hän oli taas nukahtanut kielioppinsa ääreen. Pekka osasi pelata whistiä, ja peli onnistui. Pekka tosin oli teologi, mutta hän ei ollut vielä valmis pappi. Siksi hänen ei tarvinnut tuntea huonoa *omaatuntoa* korttipelistä.

Antilla oli paha mieli. Miksei hän osannut pelata whistiä? Miksei hän ollut opetellut sitä kotona? Kun hän tulisi Helsinkiin, pitäisi hänen opetella sekin. Olisi ollut niin hienoa istua kapteenin kanssa.

Ilta alkoi pimetä, sää oli kirkas ja kylmä. Antti lähti alas hyttiinsä. Se oli laivan etupuolella. Etukannella istui talonpoikia turkit päällä ja rukkaset käsissä. Jotkut loikoilivat penkeillä ja toiset lämmittelivät kuuman piipun ääressä. Antti ajatteli, että hän näki koulukaveriensa valkoiset lakit.

Hän melkein kaatui muutaman jalkoihin. Vihaisesti hän *tiuskaisi,* miksi hänelle ei annettu tietä, ja kutsui moukaksi miestä, joka makasi. Talonpojat *väistivät* eivätkä vastanneet mitään. Mutta kun Antti poistui paikalta, hän kuuli, että he pilkkasivat häntä.

---

purskahtaa nauramaan: alkaa nauraa spontaanisti
omatunto: pieni sisäinen ääni, joka kertoo mikä on oikein ja väärin
tiuskaista: puhua lyhyesti, nopeasti ja vihaisesti
väistää: tehdä tilaa toiselle; siirtyä pois tieltä

Hytissään Antti yritti nukahtaa. Kun se ei onnistunut, hän nousi polvilleen, avasi pyöreän ikkunan ja pisti päänsä ulos. Tähdet tuikkivat, ja kuu heijastui veden pinnasta.

Antti tuli surulliseksi, ja hän tunsi itsensä masentuneeksi. Hän muisteli mennyttä ja ajatteli tulevaisuutta, eikä hän tuntenut asemaansa enää niin varmaksi kuin aikaisemmin. Miten hän osaisi järjestää elämänsä Helsingissä?

Oli niin turvatonta täällä laivassa, melkein yksin. Kukaan ei oikeasti välittänyt hänestä. Olisi ollut ihanaa olla vielä kotona. Kun kukaan ei ollut kotoa lähtenyt mukaan.

Antti oli ajatellut, että hän *oli repäissyt* itsensä kokonaan juuriltaan, mutta nyt ne samat juuret alkoivat vaivata sydämessä. Miksi Alma oli hänen suuren rakkautensa *hylännyt*? Kuinka Alma oli voinut työntää hänet pois? Tuo valkotukkainen, sinisilmäinen olento olisi saanut hänen koko sydämensä, koko hänen sielunsa.

Ilta pimeni yhä. Antti tuli surullisemmaksi ja surullisemmaksi.

Alkoi tulla kylmä ja hän veti päänsä ikkunasta, sulki ikkunan ja meni makaamaan. Hän potkaisi kengät jalastaan ja avasi kauluksen napin. Sitten hän loikoili selällään kauan aikaa.

Yhtäkkiä hän kuuli käytävästä liikettä ja ääniä:

– Ai, antakaa olla... Ei saa..

– Tule nyt. Ei täällä ketään ole.

– Ei ei... Joku voi tulla... Odottakaa!

Antin hytin ovi repäistiin auki ja joku nainen työnsi päänsä sisään. Antin mielestä se näytti tarjoilijalta. Samassa pää

---

repäistä: vetää nopeasti
hylätä: jättää kokonaan

vetäistiin takaisin, ovi *paiskattiin kiinni*. Kuului juoksuaskelia käytävän loppuun ja rappusia ylös kannelle.

Antti nousi istumaan ja kumartui eteenpäin kuuntelemaan. Mutta hän ei kuullut enempää. Antti laittoi kengät jalkaansa ja paidan napin kiinni. Sitten hän lähti kannelle. Hän tahtoi selvittää, oliko se ollut tarjoilija.

---

vetäistä: vetää nopeasti
paiskata kiinni: lyödä kiinni nopeasti ja kovaa

Kysymyksiä

1. Keskustelijoiden mielestä ruotsinkieliset olivat parempia virkamiehiä, koska
   a. ruotsinkieliset olivat rikkaita.
   b. he olivat niin paljon viisaampia kuin suomalaiset.
   c. koska heillä oli paljon velkaa.

2. Keskustelijoiden mielestä klassiset koulut
   a. sopivat sekä suomalaisille että ruotsalaisille.
   b. sopivat erityisesti suomalaisille.
   c. sopivat vain ruotsinkielisille.

3. Keskustelijoiden mielestä suomenkielisten pitäisi
   a. ottaa velkaa, jotta he voisivat opiskella virkamiehiksi.
   b. opiskella ammattikoulussa käytännön ammattiin.
   c. pyrkiä enemmän yliopistoon opiskelemaan.

4. Kun Anttia pyydettiin pelaamaan korttia, hän suuttui itselleen
   a. koska hän ei osannut pelata.
   b. koska hänellä ei ollut rahaa pelata.
   c. koska hän oli liian humalassa, jotta voisi pelata.

5. Anttia alkoi masentaa, koska
   a. hän oli juonut liikaa alkoholia.
   b. kukaan ei rakastanut häntä.
   c. hän tunsi tulevaisuutensa epävarmaksi.

V

Herrat olivat lopettaneet korttipelinsä, kun Antti tuli ravintolaan. Hän tilasi juotavaa, koska muutkin joivat.

Antti *tarkasteli* tarjoilijaa ja katsoi tätä suoraan silmiin. Tämä katsoi takaisin kylmän rauhallisesti. Ei näkynyt mitään merkkiä kasvoissa tai käytöksessä, mikä olisi vahvistanut Antin epäilykset. Se oli varmaankin ollut joku muu nainen laivasta. Ja kun hän oli varma tästä, tuli hän siitä melkein iloiseksi.

Tarjoilija toi hänelle juoman. Antin sydän hyppäsi iloisesti. Hän oli niin onnellinen eikä hän ymmärtänyt miksi.

Oli tämä elämä aivan erilaista kuin koulussa! Jos silloin oli halunnut maistaa jotain, oli se pitänyt tehdä salaa, jossain pimeässä huoneessa.

Nyt kaikki oli toisin! Kaikki oli valoisaa, puhdasta, miellyttävää ja luvallista. Sai maistaa julkisuudessa, *kaikkien nähden*, vaikka entisen opettajansa edessä!

Laiva oli saapumassa Savonlinnaan. Kesti vähän aikaa, ennen kuin se pysähtyi laituriin. Antti katseli pienestä pyöreästä ikkunasta ja huomasi hämärällä rannalla naisia ja miehiä, jotka yrittivät nähdä pimeässä, keitä laivassa oli.

Antti *oli aikeissa* mennä kannelle. Mutta silloin tuli sisään tuo hieno tuntematon herra. Häntä ei ollut näkynyt päivällisen jälkeen. Hän haukotteli ja kysyi, missä oltiin. Kun hän kuuli, että oltiin Savonlinnassa, pyysi hän tarjoilijalta

---

tarkastella: katsella
kaikkien nähden: niin että kaikki näkevät
olla aikeissa: aikoa

kivennäisvettä. Antista tuollainen *välinpitämätön* käytös oli sopivaa todelliselle herrasmiehelle. Antti oli mielestään jo yhtä taitava ja varma matkustaja kuin tuo tuntematon herra.

Antti muisteli, että Savonlinnassa kaupungin herrat tulevat laivaan ottamaan niin monta konjakkiryyppyä kuin ehtivät. Kun he tulevat, niin he katselevat tietysti tarkasti jokaista matkustajaa. Kun herrat näkevät hänet, he varmasti ajattelevat: "Kuka on tuo komea herrasmies, joka istuu tuossa?"

Vähän ajan kuluttua ravintola oli täynnä herroja ja jotkut heistä katselivat Anttia. Antti oli niin kuin heitä ei olisi ollutkaan. Ainoastaan silloin, kun hän sekoitti juomaansa lusikalla ja vei lasin huulilleen, katseli hän ohimennen Savonlinnan herroja.

Herrat istuivat pöydän ympärille, tilasivat konjakkia ja vettä, kutsuivat tarjoilijaa Klaaraksi ja nauroivat usein ja kovalla äänellä. Kun kapteeni kulki ravintolan läpi, pakottivat he hänetkin kilistämään.

Vieraat melusivat kuin kotonaan niin kauan, kuin laiva seisoi rannassa. Näytti siltä, kuin laiva olisi ollut heidän oma laivansa tai ainakin tullut tänne heitä varten.

– Kippis vain! Terve! Enemmän konjakkia, Klaara!

Useimmat herroista olivat entisiä ylioppilaita. Monta kertaa he olivat aikoinaan olleet menossa ja monta kertaa tulossa. Mutta joka kerta, kun laiva saapui satamaan, tultiin laivalle muistelemaan vanhoja aikoja. Erityisesti näin syksyllä, jolloin laivassa matkusti paljon ylioppilaita.

Yhtäkkiä ravintolan ovi repäistiin auki, ja ovella seisoi nuori, kaunis mies, ylioppilaslakki takaraivolla. Hän jäi

---

välinpitämätön: ei tunne kiinnostusta; haluton, kyllästynyt

tahallaan seisomaan kynnykselle ja oli ihmettelevinään.

– Mikä loistava seura! hän huudahti.

– Skool Kalle! huudettiin Savonlinnan herrojen pöydästä. Entree, monsieur! Missä mies viivytteli?

– Sanoin hyvästit kaikille tytöille.

Hänen perässään tuli vanhempi ylioppilas, punanenäinen ja lihava.

Herrat *räjähtivät heti nauramaan* ja nauru *yltyi* vain, kun joku kysyi:

– Itkivätkö nuo edes?

– Eivät itkeneet. Lupasivat heiluttaa nenäliinojaan.

Kalle oli nähtävästi kaikkien suosikki, sillä monesta pöydästä häntä vedettiin istumaan, työnnettiin tuolia alle ja *ojennettiin* täysiä laseja.

– Se olen minä, joka tarjoaa! Konjakkia kaikille näille herroille!

– Ei, sinä et tarjoa! huudettiin toisaalta. Nyt on meidän vuoro! Ei tarvitse! Sinä maksoit samppanjan eilen!

Ja hänen suuhunsa melkein kaadettiin konjakkia.

Samassa hän huomasi Antin, joka oli tullut esiin sanomalehtensä takaa.

– No, Antti! Terve! Minne sinä?

– Helsinkiin!

– Sinne minäkin! Käy istumaan tähän pöytään!

---

räjähtää nauramaan: alkaa nauraa kovalla äänellä
yltyä: kasvaa; voimistua
ojentaa: työntää esiin; antaa

Antti *huomautti*, ettei hän tuntenut näitä herroja.

– Etkö tunne! Hyvä herrat, saanko esitellä...

Syntyi täydellinen epäjärjestys ja *kolina* pöydässä, kun kaikki nousivat ylös ja tahtoivat kätellä. Mutta kello soi jo kolmannen kerran ja laiva alkoi tehdä lähtöä. Juomia jäi juomatta, vaikka niitä nopeasti kaadettiin kurkusta alas. Ahneimmat hyppäsivät laivasta maalle vasta, kun laiva oli jo liikkeessä.

Ravintolassa oli jäljellä vain Antti, Kalle ja tämän kaveri.

– Eikös mekin, Nieminen, oteta lisää juotavaa?

Tarjoilija tuli sisään, ja Kalle kohteli häntä kuin vanhaa tuttua. Hän kutsui tarjoilijan lähemmäs, laittoi kätensä tämän olkapäille, katseli häntä suoraan silmiin ja sanoi, että neiti *oli pyöristynyt*.

– Herra katsoo väärin. Kaikki muut sanovat, että minä olen laihtunut.

– Kuka sanoo?

– Hyvin moni sanoo. Mitä herra tahtoo?

Neiti yritti päästä irti Kallen otteesta.

– Moni sanoo, matki Kalle ja löi häntä kevyesti poskelle. Tuo kaksi lasia viinaa!

– Lotten osaa *pitää puolensa*.

– Kuinka niin? kysyi Antti, jonka kasvoille oli noussut kevyt *puna*.

---

huomauttaa: sanoa, että muut huomaavat
kolina: kova ääni, joka syntyy, kun huonekaluja liikutellaan
pyöristyä: (tässä) lihoa
pitää puolensa: huolehtia itsestään
puna: punainen väri

– Minä olen tuntenut hänet jo monta vuotta ja yhtä *verevä* hän on aina ollut.

– Missä sinä olet häneen tutustunut?

– No, tuossa hän jo tuo! Kas, niin...

Kalle veti tarjoilijan polvelleen niin kuin oman tyttönsä eikä ollut tietävinään tämän vähäisestä *vastarinnasta*. Tyttö oli suuttuvinaan ja uhkasi huutaa. Ja samassa hän *pujahti* pois Kallen kainalon ali niin taitavasti, että ei varmasti tehnyt sitä ensimmäistä kertaa. Kalle antoi hänen mennä.

Tämä tapahtuma järkytti Anttia vähän.

– Missä tutustunut, Antti? Sinä kysyt niin kokemattomasti. Ainahan se komea poika... No, etkö juo, Nieminen?

Nieminen, joka oli koko ajan ollut vähän *hämillään*, kuiskasi jotain Kallen korvaan.

– Eikö ole esitelty...

Kalle nousi seisomaan, teki ison eleen, hymyili ja kumarsi juhlallisesti ja vakavasti sekä Antille että Niemiselle:

– Minulla on kunnia esitellä tässä toinen toiselleen kaksi minun parasta ystävääni: herra Anders Ljungberg, ylioppilas, ja *civic academicus* Abraham Nieminen. No, juo nyt Nieminen!

Antti huomasi sen nyt ja huomasi vielä monta kertaa, että Kalle koko ajan vähän pilkkasi kaveriaan. Mutta näytti siltä, että Nieminen ei koskaan suuttunut.

Kalle oli rikkaan tehtaanhoitajan ainoa poika. Isä antoi poikansa elää niin kuin tämä halusi. Kun Kalle oli koulussa,

---
verevä: elinvoimainen, uhkea, rehevä
vastarinta: vastustus, vastusteleminen
pujahtaa: mennä nopeasti pienestä tilasta
olla hämillään: olla nolo
civic academicus: (latina) akateeminen kansalainen

hänellä oli aina rahaa. Mutta lukukauden lopussa hänellä oli kuitenkin velkaa kaikkialla. Alaluokilla hän tarvitsi rahaa makeisiin, joita koko luokka oli tottunut syömään hänen kustannuksellaan. Ylemmillä luokilla rahat menivät tupakkaan ja punssiin. Kuudennella luokalla hän erosi koulusta ja sanoi suoraan syyksi sen, että hän tahtoi syksyllä metsästää uuden jäniskoiransa kanssa. Talvet hän kuitenkin opiskeli kaupungissa yksityisesti ja valmistui vain vuoden myöhemmin kuin luokkakaverinsa.

Antti oli aina kunnioittanut Kallea. Jo silloin, kun Kalle oli koulussa, hän osasi käyttäytyä kuin herra. Kallella oli aina ollut suosikkeja. Viimeksi Antti oli ollut Kallen suosikki. Kaikki hänen kaverinsa halusivat siihen asemaan. Ja nyt hän oli Helsingistä etsinyt tuon vanhan ylioppilaan, punanaamaisen, *käheä*-äänisen ja pyöreämahaisen.

He kilistivät kaikki kolme.

– Eilen illalla me oltiin ja elettiin Savonlinnassa, tänä iltana juodaan tässä yhdessä, mutta huomenna istutaan jo Helsingissä.

– Ajetaanko suoraan asemalta Kappeliin, Antti?

– Ajetaan vaan!

– Me ajetaan Kappeliin syömään ja juomaan.

– Ja *mässäilemään*, lisäsi Nieminen ja nauroi itse sanoilleen.

– No jo sitä eilen ja vielä tänäänkin mässäiltiin Savonlinnassa, päivitteli Kalle, ja he alkoivat Niemisen kanssa muistella viimeistä vuorokautta.

He myöhästyivät edellisenä päivänä laivasta. Ensin *ryypättiin* rantaravintolassa ja sitten Seurahuoneella.

---
käheä: (ääni) matala, karhea
mässäillä: syödä paljon herkkuja
ryypätä: juoda paljon alkoholia

Pormestari ja lääkäri menivät töihin suoraan kapakasta ja tulivat sitten takaisin jatkamaan. Silloin innostuttiin tilaamaan samppanjaa.

– Maksoitko puolet, Kalle?

– Minähän ne maksoin.

– Eikö sellaiset juomat ole kalliita? kysyi Antti, joka ihmetellen kuunteli näitä sankaritöitä. Hän ei itse ollut milloinkaan vielä ollut sellaisissa juhlissa mukana.

– Ovathan ne vähän. Mutta enpä ole ollut niin hauskalla retkellä sen jälkeen kuin kesällä Helsingissä.

Heinäkuun alussa Kalle suoritti tutkintonsa. Hän tapasi Niemisen ylioppilashuoneella samana päivänä. Koko yön he juhlivat. Kalle maksoi juhlat ja Nieminen neuvoi kaikki parhaat paikat. Kolme päivää oli yhtä juhlaa. Ei ollut mitään väliä isän rahoilla, johonkin ne rahat täytyi käyttää! Sitten Kalle maksoi uuden ystävänsä kaikki velat ja vei hänet kotiinsa maalle.

Samalla Kalle hyppäsi sohvalle ja heitti lakkinsa pöydälle. Se liukui pöydän sileällä pinnalla ja putosi lattialle. Nieminen aikoi nostaa sen.

– Anna olla, Nieminen. Kuule, minä kiellän sinua koskemasta minun lakkiini. Helsingistä ostetaan uusi. Arvaas, Antti, paljonko meni sinä yönä. Vähän toista sataa meni!

– Mitäs isäsi sanoi?

– Ei se ukko sano koskaan mitään. Kysyy vain, kuinka paljon minä tarvitsen.

Antti katseli kaveriaan, joka loikoili sohvalla. Otsa oli valkoinen, hieno ja soikea. Nenä oli hienosti koukistunut, huulet punaiset ja paksut. Silmät olivat siniset, mutta kiilsivät väsymyksestä ja alkoholista. Tukan kihara oli liimaantunut otsaan kiinni. Mustien viikset alkua näkyi ylähuulessa. Puku oli hieman sekaisin.

Kallella oli aina ollut suuri vaikutus Anttiin. Kalle oli kokenut ja tiesi enemmän kuin hän. Nyt hän ihaili Kallea erityisesti tämän huolettoman ja varman käytöksen vuoksi. Kallen ei tarvinnut selittää isälleen mitään. Hän ei välittänyt vähääkään valkoisesta lakistaan, jota Antti oli koko kesän suojellut ja josta äiti ja sisaret olivat olleet koko ajan huolissaan. Hänellä oli satasia lompakko täynnä. Lompakko, joka oli ommeltu rintataskun *vuorikankaaseen* kiinni. Ja vähitellen Kallesta tuli Antin silmissä vapaan miehen *perikuva*. Antti halusi ja aikoi tulla samanlaiseksi.

Lasit tyhjenivät nopeasti. Kaikki kolme joivat lisää ja jatkoivat samaa keskustelua. Kalle kertoi nyt tarkemmin, missä he tuona suurena Helsingin yönä olivat olleet.

Antti oli kyllä joskus kuullut tällaisista kokemuksista. Hän oli usein niitä mielessään kuvitellut. Mutta sellaisesta, mitä Kalle hänelle nyt kertoi ja maalaili elävästi, ei hän ollut osannut haaveillakaan.

Helsinki alkoi näyttää hänen mielessään tummanpunaiselta huoneelta, jossa oli pehmeä sohva ja jossa *leijui* ihana parfyymi. Huoneessa oli hämärää ja siellä liikkui *väljissä* vaatteissa olentoja, jotka tulivat ihan lähelle, istuivat polvelle, laittoivat yhden käden kaulalle ja toisella soittivat pianoa. Nuo olivat siellä olleet, ne olivat nähneet sen kaikki ja monta kertaa kokeneet. Ja hänkin saa sen kokea. He vievät hänet sinne. Ehkä jo huomenna.

Antin kasvot olivat kalpeat ja käsi *vapisi* vähän, kun hän

---

vuorikangas: takin sisäkangas, usein silkkiä
perikuva: prototyyppi, malliesimerkki, ideaali
leijua: liikkua ilmassa; lentää
väljä: tilava, avara
vapista: täristä; ei ole vakaa

otti lasin.

Kallen lakki oli vielä lattialla. Tarjoilija kulki ohi, huomasi lakin ja nosti pöydälle. Silloin Kalle käytti taas tilaisuutta hyväkseen ja veti hänet luokseen. Kun tyttö vastusteli Kallea, hän otti sattumalta kädellään tukea Antin polvesta ja puristi sitä. Kalle laittoi lakkinsa neidin päähän.

– Se sopii mainiosti, kaikki minun lakkini ovat sopineet sinulle erinomaisesti.

– Kokeilkaa minunkin lakkiani, sanoi Antti ääni vapisten, otti Kallen lakin Lottenin päästä ja yritti laittaa omansa.

– En minä teidän lakkianne halua! Ja Lotten esti sen kädellään.

Kalle tuli Antin avuksi:

– Miksi et halua?

– En halua!

– Sinun pitää haluta! Hän on yhtä komea poika kuin minäkin. Kas noin, ja maista nyt hänen lasistaan!

Mutta tyttö maistoi tahallaan Kallen lasista.

– Koska olet noin itsepäinen, niin rangaistuksena laitat kätesi hänen kaulalleen ja suutelet häntä *sovinnoksi* poskelle. Hän on ihastunut sinuun.

– Kapteeni tulee! Ja minun pitää mennä *kattamaan pöytä*.

– Ei tule! Pian nyt!

Ja Kalle työnsi Lotten omasta sylistään Antin syliin. Mutta kun Antti tunsi hänet polvellaan, katosivat hänen voimansa eikä suutelemisesta tullut mitään, vaikka tyttö olisi nähtävästi ollut suostuvainen. Antti oli hämillään ja tupakoi.

---

sovinto: sopu, yksimielisyys, riidan loppu
kattaa pöytä: laittaa astiat pöydälle ennen ateriaa

Lotten sai savua henkeensä, alkoi yskiä ja nousi pois.

– No, mikset sinä suudellut?

– Miksi sinä et suudellut, sanoi Antti nolona.

– Ei kuule, Antti. Ei tuolla tavalla. Sinä et osaa vielä ollenkaan olla naisten kanssa, rupesi Kalle häntä neuvomaan. Ota minusta mallia.

Ja Kalle käyttäytyi naisten kanssa huolettomasti. Hän tuskin huomasi naisia, keskuteli herrojen kanssa, ja katsoi vain silloin tällöin naisia. Kun hän heille sitten puhui, *väitti vastaan*, jos joku tahtoi miellyttää, ja oli muille kohtelias. Mutta kun sitten tuli ovella vastaan, niin katsoi yhtäkkiä syvälle silmiin. Ja jos kahden kesken keskusteli, muuttui kokonaan ja oli ystävällinen ja hyväntahtoinen.

Kalle tiesi kaiken. Hän oli mestari. Antti muistutti Kallea siitä, että koulussa kaikki tytöt olivat rakastuneet tähän.

– Enemmän konjakkia! huusi Kalle innostuneesti. Ja lämmintä vettä!

Antti joi *urheasti* lasin tyhjäksi. Kun Lotten toi konjakkia ja vettä, otti Antti tätä kiinni vyötäröltä.

– Herra Jumala! *kirkaisi* tämä. Vesi on tulikuumaa! Antakaa minun olla!

Vettä roiskahti vähän Lotten hameelle, ja tämä poistui vihaisena ja pyyhki samalla hamettaan. Kalle sai hyvän syyn taas neuvoa Anttia.

– Sinä olet liian *innokas*. Sellainen ei toimi tuollaisten tyttöjen kanssa. Niiden kanssa pitää olla kylmä. Etkö nähnyt, mitä minä tein äsken? Olin aivan välinpitämätön, kun otin

---

väittää vastaan: olla eri mieltä
urheasti: rohkeasti
kirkaista: kirkua; huutaa kovalla ja korkealla äänellä
innokas: innostunut, halukas

hänet polvelleni. Niin kuin koiran. Tseh tseh, tule tänne, laita pää tähän. Katselin rauhallisesti ja juttelin tavallisia asioita. Sitten työnsin hänet sinun syliisi. Kun näin tekee, niin ne eivät lähde pois koskaan.

Antti ei puhunut mitään. Mutta nyt hänen poskensa olivat punaiset, ja yhtäkkiä hän tuli aivan villiksi.

– Terve, miehet! Nyt me ryypätään! Ja huomenna ajetaan junalta suoraan! Ajetaanko, Kalle? Hei!

– Hei hei! Se on päätetty, että ajetaan. Sinä et, Antti, ole hukassa, kun olet miesten seurassa! Sinunkin pitää oppia tuntemaan maailmaa, ja meidän kanssamme sinä opit.

– Minä aion oppia tuntemaan maailmaa.

Antin puhe alkoi muuttua epäselväksi.

He söivät illallista. Pöydässä oli ainoastaan herroja. Puhuttiin paljon ja juotiin olutta. Antti ei enää nähnyt kaikkea oikein tarkasti. Pöydällä oli kaikenlaista punaista ja vihreää. Hän söi *enimmäkseen* vain yhtä ruokalajia, jotain lihaa se oli. Hän ei puhunut mitään, mutta *hymähti* välillä itsekseen. Sitten Antin naama alkoi tulla onnettoman näköiseksi. Ja yhtäkkiä illallisen lopulla hän nousi ja aikoi mennä.

– Minne sinä menet, Antti?

– En minnekään.

– Voitko huonosti? Sinä olet aivan kalpea.

– En minä voi huonosti. Minä voin aivan hy–yvin. Tulen kohta takaisin.

Mutta kun hän meni, hän *horjahti* ovea kohti. Kapteeni kuiskasi Kallelle:

---

enimmäkseen: melkein ainoastaan, eniten
hymähtää: naurahtaa hiljaa; sanoa "hmm"
horjahtaa: melkein kaatua, koska on huono tasapaino

- Merenkäyntiä tyynessä vedessä.

Ja Kalle ja Nieminen nauroivat yhdessä kapteenin kanssa nuoren miehen vahingolle. Kalle kysyi, saisiko hän tarjota kapteenille konjakkia. Kapteeni vastasi kyllä.

Antilla oli kamalan paha olo. Hän ei jaksanut seisoa ja painoi otsansa kannen kaidetta vasten. Antti tunsi, kuinka hattu melkein putosi päästä ja laittoi sen viereiselle penkille. Hän yritti painaa *ohimoa* ja poskea kylmää kaidetta vasten, se teki hyvää. Hän oli siinä vähän aikaa.

Pekka tuli paikalle ja kuuli Antin vaikeroimisen.

- Mikä sinua vaivaa, Antti?

- Ei minua mikään vaivaa. Usko pois, että ei minua mikään vaivaa.

Hän ei olisi halunnut tunnustaa, että oli humalassa. Hän yritti puhua niin selvästi kuin pystyi. Mutta kieli ei halunnut totella, ja Pekka ymmärsi heti, mikä tauti Anttia vaivasi.

- Sinähän olet humalassa! Milloin sinä ehdit juoda itsesi noin humalaan?

Mutta Antti väitti, ettei hän ole. Hänellä oli vain huono olo. Vain vähän kuuma ravintolassa. Siksi hän oli tullut kannelle jäähdyttelemään. Pekka voisi mennä takaisin sinne, mistä oli tullutkin. Hänen ei tarvitsisi seisoa siinä. Antti menisi itsekin takaisin ravintolaan. Kalle odotti häntä siellä, ja hän lupasi mennä.

Mutta kun hän liikahti ja oli lähdössä ravintolaan, hän horjahti ja löi jalkansa kipeästi. Hän suuttui ja sanoi vihaisesti Pekalle, että mitä hän siinä tiellä seisoo. Antaisi hänen mennä!

---

ohimo: korvan ja silmän välinen osa

– Minne sinä aiot mennä?

– Menen syömään illallista.

– Etkös sinä jo syönyt illallista? Sinun pitäisi mennä nukkumaan. Tule, minä vien sinut hyttiisi.

– Minä tahdon suudella Lottenia!

– Mitä sinä tahdot?

– Tahdon suudella Lottenia. Anna minun mennä!

Pekka yritti houkutella Anttia ja vetää tätä takin hihasta hyttiin. Mutta silloin Antti alkoi riidellä. Hän tahtoi välttämättä suudella Lottenia ja syödä illallista. Hän lähti ravintolan ovea kohti.

Silloin Pekka sanoi *ankarasti*:

– Sinä et mene nyt minnekään, vaan tulet kiltisti hyttiisi ja menet nukkumaan!

Hän vei Antin väkisin sisään. Ovella Antti yritti vastustaa Pekkaa ja otti ovesta kiinni, mutta Pekka irrotti kädet. Antti ajatteli, että heti kun hän pääsee alas, hän kääntyy takaisin.

Mutta kun lampun valossa Antti huomasi, että hänen pukunsa oli märkä ja likainen, masentui hän kokonaan. Hänen uudet hienot vaatteensa sellaisessa kunnossa. Itku oli lähellä.

Pekka auttoi Antin hyttiin, otti kengät jalasta, auttoi vaatteita pois päältä. Sitten hän kostutti käsipyyhkeen kylmässä vedessä ja pyyhki sillä Antin otsaa. Antti antoi hoitaa itseään niin kuin avuton lapsi. Hän ei sanonut sanaakaan, tuijotti vain kattoon. Ja hetken päästä Antti nukahti. Pekka jätti hänet nukkumaan ja sulki oven hiljaa.

---

ankarasti: vakavasti, totisesti

Pekalla oli makuupaikka veneen etuosassa. Siellä oli hänen eväsrasiansakin. Se oli hänen ja Antin yhteinen, Antin sisaret olivat laittaneet sen. Rasiassa oli pienet servietitkin mukana. Ja makeisia. Sydämenmuotoiset piparkakut oli varmasti laitettu rasiaan tarkoituksella. Pekka söi hitaasti, sillä se oli terveellistä. Hän joi vettä ja ajatteli: "Kyllä tämä kirkas vesi on terveellistä. Sitä kun juo joka aamu ja ilta, niin ruoansulatus pysyy kunnossa ja mies elää vanhaksi. Moni suuri mies ei juonut mitään muuta kuin vettä ja eli vanhaksi. Olut, joka on alkoholijuoma, kuluttaa voimia. Ja sitten Antti. Antti *antautui* helposti houkutuksille. Sen huomasin tänään. Mutta minä en ymmärrä, miksi Antin kotona häntä niin ihaillaan. Annakin ihailee. Antti on perheen ainoa poika. Hän on aina saanut kaiken. Sellaiset joutuvat usein pahoille teille. Kaikki aina sanovat, että Antti on fiksu, mutta minä en ole sitä juuri huomannut. Helsingissä nähdään, miten opiskelu alkaa sujua. Minä pahaa pelkään, että se sujuu hitaasti. Mutta mikäs hätä niillä, joilla on rahaa. Hän voi viipyä vaikka kymmenen vuotta Helsingissä."

Pekka lopetti syömisen ja alkoi riisua vaatteita.

Makuupaikkoja oli useita. Hän valitsi parhaan pesupaikan läheltä. Hän laittoi vaatteensa siistiin pinoon. Housut, joiden taskussa oli lompakko, hän laittoi tyynyn alle.

Pekka sammutti valon ja alkoi laskea velkojaan. Hän oli köyhä ja hänen oli täytynyt ottaa velkaa. Yli kaksi tuhatta. Mutta hän suorittaisi tutkinnon syksyllä. Kolmen tai neljän vuoden päästä hän saisi palkkaa. Annankin pitäisi osallistua velkojen maksuun.

Hän oli saanut Annan helposti, vaikka muutkin olivat yrittäneet tämän saada. Oli se kaunis tyttö. Hohhoi! Voi kun

---

antautua: antaa periksi; alistua; suostua

nyt saisi hyvän ja halvan asunnon Helsingissä. Parasta olisi varmasti jäädä asumaan rautatien varteen kauemmas keskustasta. Niin hän tekisikin.

Pian alkoi Pekan nurkasta kuulua pientä *pihinää*, ja hetken kuluttua Pekka kuorsasi.

Kalle ja Nieminen istuivat myöhään yöhön ravintolassa. Siellä oli aloitettu uusi whisti kahvin ja liköörin ääressä. He olivat kauan sitten unohtaneet Antin, joka makasi hytissään.

---

pihinä: raskaan hengityksen ääni

Kysymyksiä

1. Antti ihaili tuntematonta herraa, koska
   a. tämä oli rikas ja komea.
   b. tämä käyttäytyi kuin herrasmies.
   c. tämä oli pukeutunut kalliisti.

2. Antin ystävä Kalle oli
   a. hiljainen ja epävarma.
   b. epäkohtelias ja kovaääninen.
   c. iloinen ja antelias.

3. Kalle oli
   a. varma ja rohkea naisten kanssa.
   b. köyhän perheen poika.
   c. kokematon elämässä.

4. Antti ihaili Kallea, koska
   a. tämä oli niin huoleton ja varma.
   b. tämä oli rikas.
   c. tämä oli kohtelias ja vaatimaton.

5. Antti tuli sairaaksi, koska
   a. järvellä oli aaltoja ja laiva keinui.
   b. hän oli syönyt pilaantunutta ruokaa.
   c. hän oli juonut liikaa alkoholia.

VI

Aamulla Antti heräsi, kun laiva yhtäkkiä hidasti nopeutta. Hän nosti päätään, ja ensimmäinen tunne oli kova päänsärky. Päätä särki samassa tahdissa, kuin laivan kone tärisi. Antilla oli kova jano ja hän joi vettä ja yritti nukkua lisää. Mutta uni ei tullut takaisin. Hänen oli vaikea muistaa, mitä edellisenä iltana oli tapahtunut. Miten hän oli tullut hyttiinsä nukkumaan? Mutta kun hän näki käsipyyhkeen ja likaiset vaatteensa, hän tajusi, että Pekka oli hoitanut häntä kuin sairasta. Tämä kaikki suututti häntä niin, että hän nousi ja pukeutui.

Hän meni kannelle. Kirkas sää häikäisi silmiä. Raikas tuuli puhalsi suurelta Saimaalta. Taivas oli sininen ja järvi oli sininen.

Kauniin ja puhtaan luonnon vierellä Antin olo oli sairas, voimaton ja *kurja*. Hän yritti istua hiljaa kannella ja *selvittää päätään*. Mutta päänsärky ei loppunut, vaan päinvastoin paheni.

Antti oli epätoivoinen itsestään ja tulevaisuudestaan. Ehkä hänestä oli jo tullut juoppo ja huono ihminen, joka *tuottaa* surua perheelleen ja josta ei ole iloa edes itselleen. Tämä oli rangaistus hänen *siveettömistä* ajatuksistaan eilen; kaikesta, mitä Kalle oli puhunut. Jos hän kertoisi äidilleen kaikesta ja saisi anteeksi ja lupaisi, ettei enää koskaan maista alkoholia. Helsinki ei enää tuntunut mukavalta. Se pelotti. Voi

---

kurja: huono, surkea
selvittää päätään: järjestää ajatukset; saada kirkas mieli
tuottaa: tehdä; aiheuttaa
siveetön: moraaliton, likainen

miksi laiva ei käänny takaisin tai mene rikki, niin että hän voisi palata kotiin.

Ravintolan ikkuna oli auki ja sieltä tuli konjakin haju. Antti kuuli Kallen ja Niemisen äänet.

Pekka tuli kannelle. Antti kääntyi poispäin, mutta Pekka kiersi eteen ja istui hänen viereensä.

– Huomenta, sanoi Pekka. Antti tiesi, että Pekka ajatteli eilisiä tapahtumia. Muuta Pekka ei sanonut, katseli vain Anttia. Antti *ei kestänyt* Pekan hiljaisuutta ja lähti ravintolaan.

Kalle ja Nieminen olivat jo täydessä vauhdissa. He ottivat Antin iloisesti vastaan, ja Kalle kaatoi konjakkia. Antti kieltäytyi ja valitti krapulaansa. Mutta Kalle alkoi heti kertoa, että konjakki on paras lääke tähän tautiin.

– Usko pois, Antti! Tottele vain minua. Sitten näet. Älä pelkää. Lasi tyhjäksi vain, nopeasti. Koko lasi!

– *Recognan,i causa!* lisäsi Nieminen, ja he ottivat ryypyn kaikki kolme.

Pekka tuli juuri sisään, ja Antti huusi.

– No, terve mieheen! Tämä on kuin voita leivän päälle! Ääh!

Konjakki maistui makealta. Ei ollenkaan karvaalta. Niitä olisi voinut ottaa vaikka kuinka monta. Ja ensimmäistä "lääkeryyppyä" seurasi toinen ja kolmas. Antti katsoi syrjäsilmällä Pekkaa, joka istui pöydän toisessa päässä ja luki lehteä.

He joivat itsensä pieneen aamuhumalaan. Antin silmissä alkoi *sumeta* ja hänen poskensa olivat punaiset kuin

---

kestää: (tässä) sietää
recognandi causa: (latina) tunnistaa syy
sumeta: muuttua epäselväksi

kuumeessa.

– Kyllä sinusta mies tehdään, vakuutti Kalle. Miltä päässä tuntuu?

– Ei *särje* enää!

– Minähän sanoin! Ja nyt kun syöt vähän ja lepäät hieman, niin olet terve kuin pukki nousemaan junaan Lappeenrannassa.

Tulo Lappeenrantaan oli yhtä *hulinaa*. Tavaroita kannettiin laivasta kyytiin ja ajettiin kaupungin läpi hotellille. Kalle ja Nieminen veivät Antin mukanaan; Pekka sai seurata, jos halusi. Miettinen ja Voutila olivat unohtuneet jo kauan sitten. Antti näki heidät kantamassa suurta laukkuaan kuraisella sivutiellä.

Antti käveli Lappeenrannassa asemalaiturilla ennen junan lähtöä. Hän oli kuin toinen mies. Nämä pari päivää Kuopiosta lähdön jälkeen olivat selvästi kasvattaneet häntä. Liikkeet olivat paljon huolettomammat ja kävely rennompaa. Kaikki *katumus* edellisen illan ryyppäämisestä oli kadonnut. Antti oli tyytyväinen, kun hän muisteli iltaa. Antti oli nukkunut monta tuntia ja nyt hän oli ainoastaan mukavan väsynyt. Ääni oli karhea, miehekäs ja syvä.

Asemasillalla oli paljon ihmisiä. Antti ja Kalle kulkivat ja katselivat erityisesti naisia. Erillään muista ihmisistä käveli hitaasti tummaverinen ja kaunisvartaloinen nainen. Antti ja Kalle seurasivat naista, menivät ohi ja tulivat vastaan. Kalle kuiskasi Antille jotain korvaan. Antti ei halunnut uskoa.

– Nyt kyllä valehtelet. Tuo hieno nainen?

---

särkeä: (tässä) tuntua kipua; olla kipeä
hulina: kaaos
katumus: huono omatunto

– Saat olla varma, että minä en erehdy. Etkö usko, että minä tunnen hänet? Hän oli Helsingissä keväällä ja on täällä luultavasti vain läpikulkumatkalla Pietariin.

Kalle kertoi naisesta ja siitä, mitä oli tehnyt viime yönä hotellissa tarjoilijan kanssa. Nyt Antti alkoi olla valmis uskomaan mitä tahansa ja kenestä tahansa. Hän alkoi katsella sillä silmällä kaikkia, jotka kulkivat ohi. Antin päässä pyöri vain yksi ajatus. Hänestä tuntui, että se tapahtuisi, vaikka ei vielä tiennyt, missä se oli, mitä se oli tai kuka se oli. Mutta se oli koko ajan lähempänä.

Juna kulki eteenpäin. Asemat jäivät nopeasti taakse. Siitä kaikki tiesivät, että matka lyheni koko ajan. Helsinki lähestyi!

Jokaisessa paikassa ja kaikissa uusissa ihmisissä oli uutuuden *viehätystä*. Matkalla syötiin päivällistä ja juotiin viiniä. Vastapäätä istui hienoja ulkomaalaisia urheiluvaatteet päällä. Toisilta asemilta tuli junaan rikkaan näköisiä naisia ja herroja. Mitähän he mahtoivat ajatella hänestä? Ajattelivatko he, että hän oli maalaisen näköinen? Voisiko hän koskaan olla hieno herra ja istua noin kauniin naisen vieressä ja jutella hänen kanssaan noin hauskasti, kuin tuo herra tuolla?

Jokaisella asemalla tuli junaan lisää matkustajia. Riihimäellä junaa odotti täysi laituri ihmisiä. Juna seisoi asemalla hetken. Odotettiin vastaantulevaa junaa. Se läheni kuin ukkospilvi, loistavat valot otsassa.

Jokaisella asemalla, missä oli ravintola, Antti nautti jotain. Joskus hedelmän, joskus lasin viiniä, joskus Kallen ehdotuksesta konjakkia tai olutta. Junassa Antti ei voinut istua paikoillaan kauan. Hän kulki vaunusta vaunuun, istui vain

---

viehätys: kiinnostus, ihastus

vähän aikaa ja seisoskeli vaunujen välissä. Juna *kiiti* joskus niin kovaa, että täytyi pitää kaiteesta kiinni.

Matkan loppu lähestyi. Lähdettiin Malmin asemalta, ja konduktööri ilmoitti, että seuraava asema on Helsinki.

Matkustajat, jotka olivat nukahtaneet penkeilleen, hyppäsivät ylös ja alkoivat valmistautua lähtemään junasta. Ne, jotka olivat poistuneet paikoiltaan, palasivat ja ottivat tavaransa. Loppumatkan väsymys oli kadonnut.

Loppumatkalla Anttikin oli alkanut väsyä. Hän oli käynyt istumaan vaunun nurkkaan. Kun hän yhtäkkiä kuuli Helsingin nimen, häntä alkoi *epäilyttää*. Kaikki se, mitä hän oli äsken halunnut, alkoi pelottaa. Häntä pelotti se, mitä hänelle oli matkalla kerrottu ja mitä hän oli kokenut. Eniten häntä pelotti hänen omat aikomuksensa ja toiveensa uudesta elämästä, josta hän oli haaveillut ja joka oli juuri alkamassa. Hän ei voinut enää siirtää uutta elämää myöhemmäksi, sillä juna kulki eteenpäin.

Miksi Pekkakin oli poissa? Hän oli jäänyt jollekin pienelle asemalle eikä aikonut tulla Helsinkiin ennen renttejä. Olisi hän voinut tulla perille saakka. Minne Antti voisi mennä yöksi? Kallen ja Niemisen kanssa hän ei enää milloinkaan... Hän ei enää oikein pitänyt Kallesta ja Niemisestä.

Kalle tuli toisesta vaunusta ja näytti *virkeältä*. Hän oli tavannut junassa tuttuja ylioppilaita ja uusiakin. He olivat pelanneet korttia Riihimäeltä saakka. Antti ilmoitti, että aikoo ajaa yöksi Villensaunalle.

– Ajetaan ensin Kappeliin, niin kuin sovimme.

– Kyllä minä mieluummin etsin yöpaikan nyt heti.

---

kiitää: kulkea erittäin nopeasti
epäilyttää: herättää negatiivisia ajatuksia; pelottaa
virkeä: pirteä, energinen

– Joko sinä alat *jänistää*? Älä nyt, tule vain mukaan. Täältä lähtee hauskoja ja iloisia poikia.

– Minne mennään Kappelista?

– Luota minuun! Me pidetään hauskaa tänä yönä!

– Entäs matkatavarat?

– Noudetaan ne huomenna asemalta.

Antti yritti rohkaista mielensä. Mutta hän ei halunnut nousta penkiltä. Hän kääntyi ja katsoi ikkunasta ulos pimeään. Alppilan huvimajalla oli valot. Antti näki orkesterin keltaiset torvet ja tanssivia ihmisiä. Luultavasti siellä oli jotkut juhlat.

Yhtäkkiä kuului veturin pitkä vihellys. Kohta ollaan perillä. Antti kiirehti ulos vaunusta. Juna kulki tyynen Töölönlahden poikki. He olivat saapumassa Helsinkiin. Edessä taivas oli punainen kuin tulipalossa. Ne olivat Helsingin valot! Nyt näkyi Kaisaniemen ravintola ja ihmisiä sen parvekkeilla. Juna jarrutti ja kohta se pysähtyisi Helsingin asemalle.

Kun juna pysähtyi lasisen katoksen alle ja Antin piti astua vaunusta ulos, hänen oli vaikea nousta paikaltaan. Polvet olivat niin *vetelät*, etteivät jalat halunneet kantaa. Ja hän oli taas kadottanut Kallen. Ja kun Kalle löytyi, Antti pyysi taas, että mennään pian johonkin hotelliin ja etsitään yöpaikka.

Kalle ei kuunnellut Anttia, vaan tarttui tätä käsivarresta ja veti ihmisjoukon läpi aseman odotushalliin.

Asemalla oli vanhoja tuttuja odottamassa. He olivat ylioppilaita Kuopiosta. He tulivat nyt kuin kaverit ja olivat valmiina tarjoamaan apua. Heillä oli sama ehdotus kuin

---

jänistää: pelätä; perääntyä
vetelä: löysä, voimaton

Kallella, ja *yksimielisesti* päätettiin ajaa Kappeliin. Antilla ei ollut enää mitään sitä vastaan.

Helsinki otti tulijat vastaan kuin kunniavieraat, kun he astuivat ulos aseman suurista ovista. Kuin olisi ollut juhlat. Rautatientori oli kokonaan *valaistu.* Korkeissa rakennuksissa oli valaistut ikkunat. Ja kaiken yläpuolella loisti Ateneum valaistuksessaan.

Aseman edessä odotti pitkä musta jono *hevosrattaita.* Huudettiin numeroita ja *ajurit* vastasivat kovalla äänellä: "Täällä on!" Kannettiin tavaroita, nostettiin rattaille ja lähdettiin ajamaan. Oli vaikea kuulla edes omaa ääntään, koska oli niin paljon melua ja hulinaa. Mikään juhla tämä ei kuitenkaan ollut, vaan tavallinen Helsingin arkipäivä. Mutta Antista tuntui kuin olisi ollut juhla. Ja tämä juhla ei loppuisi koskaan.

– Kappeliin!

He ajoivat torin yli, kävivät Mikonkadulla ja menivät Esplanadille. Lämmin tuuli osui kasvoihin, niin lämmin kuin kesällä. Kaupat oli jo suljettu, ja suurten kivirakennusten koko alakerta oli pimeä ja vähän pelottava. Ainoastaan ravintolan ikkunoissa oli valot. Tupakkakauppojen ovet olivat vielä auki. Muutamasta tuli kadulle ylioppilaita, jotka *melusivat* ja nauroivat äänekkäästi.

– Tuossa on Runebergin patsas, huomautti kaveri. Siinä se seisoi, pää pimeässä. Patsaan jalkojen juuressa oli ihmisiä, naisia ja miehiä käsi kädessä.

– Rakkauden iltahetki! Näetkö tuolla ylioppilaita?

---

yksimielisesti: kaikki ovat samaa mieltä
valaista: tehdä valoisaksi; laittaa valot
hevosrattaat: (monikko) pyörällinen kulkuväline, jota hevonen vetää
ajuri: hevosrattaiden kuljettaja
meluta: pitää kovaa ääntä; metelöidä

Siellä todellakin näkyi valkoisia lakkeja nopeassa liikkeessä kuin kalat vedessä.

Pysähdyttiin Kappelin eteen, laskeuduttiin alas vaunuista ja jatkettiin matkaa käsi kädessä. Oli vaikea päästä *väkijoukon* läpi. Miehiä ja naisia oli sekaisin. Jotkut naiset olivat jo löytäneet seuralaisen. Toisilla ei vielä seuralaista ollut. Antti käveli näiden ohi ja kuuli: "Iltaa!" Kun hän kääntyi katsomaan taakseen, näki hän hymyileviä kasvoja ja kauniita silmiä.

Suihkulähde suihkutti vettä korkealle. Sen edessä oli soittolava, josta kuului torvien ja rumpujen soittoa. Ja sitä vastapäätä oli Kappeli. Se oli täynnä ihmisiä. Siellä työskenteli ja juoksi edestakaisin tarjoilijoita mustat puvut päällä, valkeat liinat kainalossa ja tarjotin kädessä tai pään päällä ylhäällä ilmassa. Antti ei ymmärtänyt, kuinka voisi päästä sisälle. Mutta kaveri ohjasi häntä, vei pöytien ja tuolien välistä. Pöytien ääressä istui herroja ja naisia ja niillä oli erilaisia olutpulloja ja punaisia viinipulloja. Juuri kun he astuivat ensimmäiselle portaalle, meni ohi tarjotin, jolla oli kokonainen illallinen.

Antin *pää oli pyörällä*. Hetken kuluttua hän istui pehmeällä sohvalla, vihreässä huoneessa, jonka seinällä oli maalauksia ja suuri peili. Hetkeen Antti ei ymmärtänyt, mistä oli tullut ja mihin oli menossa.

Ovesta näki buffetpöydän toisessa huoneessa. Sen takana oli pitkä ja korkea rivi pulloja ja paljon monivärisiä laseja. Tiskin takana liikkui pieni mies. Hän huusi *määräyksiä* kaikille, komensi tarjoilijoita, kutsui heitä luokseen, lähetti milloin oikealle, milloin vasemmalle ja huusi vihaisesti keittiöön. Ja koko ajan rahaa meni kassaan.

---

väkijoukko: ryhmä ihmisiä
olla pää pyörällä: olla pää sekaisin; ei ymmärtää mitään
määräys: käsky, komento

Pian pöytä oli täynnä ylioppilaita, kohta he ottivat toisenkin pöydän. Vähitellen he *valtasivat* tämän puolen ravintolaa kokonaan itselleen. Antti esiteltiin uusille, tuntemattomille ylioppilaille, jotka tervehtivät häntä erittäin ystävällisesti ja kättelivät häntä. Keskusteltiin siitä, mikä olisi illan juoma- ja ruokaohjelma, ja Antinkin mielipidettä kuunneltiin. Tarjoilijalle annettiin määräyksiä, joita hän kiireesti toteutti. Tilattiin snapseja ja ruokaa.

Kaverien vapaa, ystävällinen käytös ja heidän tottunut, varma ja rento olo sain Antinkin tuntemaan itsensä varmaksi ja rennoksi. Hän oli vielä vähän *arka* näiden vanhojen helsinkiläisten keskellä. Antti pelkäsi puhua ja mietti tarkkaan, ennen kuin sanoi mitään. Ylioppilaat kilistivät lasia hänen kanssaan: "Tervetuloa Helsinkiin, herra Ljungberg!" Kun Antti oli muutaman kerran maistanut lasistaan, hän tunsi itsensä iloisemmaksi kuin koskaan. Hän tunsi kuin olisi lentänyt. Hän oli onnellinen. Nyt hän ymmärsi, mitä oli ylioppilaan elämä, mitä oli Helsinki ja mitä olivat vapaus ja itsenäisyys. Hän oli vapaampi ja iloisempi.

Antin rohkeus kasvoi, hän puhui jo ilman pelkoa ja kertoi kaikenlaista, ja kaverit nauroivat hänen jutuilleen. Hän oli *pöy*ᵢ*än keskipiste*, niin kuin Kalle oli toisessa pöydässä. Ylioppilaat *ottivat Antin suojelukseensa*, täyttivät hänen lasinsa ja pakottivat hänet kilistämään lasia ja maistamaan. Antti näki erään kaverin, miten tämä kuiskasi toiselle kaverille ja molemmat katsoivat häneen.

– Eikö ole tosi komea poika. Katso nyt noita hienoja kasvoja.

Ja he nostivat lasia ja tervehtivät Anttia ja sanoivat niin,

---
vallata: ottaa alue, tila itselleen
arka: pelokas, ujo
olla pöydän keskipiste: olla kaikkien huomion kohde
ottaa suojelukseensa: huolehtia jostakusta; pitää joku turvassa

että kaikki kuulivat:

– Antti! Terve! Me sanottiin, että sinusta tulee ensi vuosijuhlan *marsalkka*!

Kuinka reiluja ja kivoja miehiä! Hänen olisi tehnyt mieli halata heitä! Ei, hänellä ei koskaan ole ollut näin hauskaa iltaa!

Melu oli kova, eikä kukaan malttanut kuunnella toisiaan, vaan kaikki puhuivat ja nauroivat samaan aikaan. Ihmiset vaihtoivat paikkaa, samoin puhekumppania. Ja vähitellen ihmiset ystävystyivät.

Anttia vastapäätä istui sama kaveri, jonka kanssa hän oli tullut asemalta. Tämä lupasi auttaa Anttia matematiikassa. Antti voisi tulla kysymään häneltä neuvoa, hän kyllä tietää paremmin kuin professori. Mutta nyt ei puhuta koulusta! Ei ensimmäisellä lukukaudella tarvitse olla huolissaan koulusta. Ensin pitää oppia olemaan Helsingissä. Hyvällä omallatunnolla voi käyttää ensimmäisen lukukauden siihen. On tietysti opiskelijoita, jotka tuntevat vain yliopiston luentosalien seinät. He ovat ikuisesti koulupoikia. Kirjatietoa on, mutta ei elämänkokemusta. Ei, Antti! Kun on nuori, täytyy nauttia ja elää. Täällä on helvetin hauskaa, kun vain löytää hauskoja kavereita.

Tutkinto ehditään tietysti suorittaa. Tuo tuossa, joka nyt sytyttää sikaria, hän ei avannut kirjaansa kolmeen vuoteen. Lauloi vain ja eli täysillä. Mutta sitten yhtäkkiä hän suoritti kandidaatintutkintonsa yhdessä vuodessa ja opiskelee nyt lääkäriksi.

– Minä tiedän, että perhe kotona jo *moittii* minua, kun en vielä valmistu. Mutta minä en välitä. Ja saat nähdä, että

---

marsalkka: (tässä) juhlan johtaja, juontaja
moittia: paheksua; kritisoida; tuomita

vuoden päästä kaikki hämmästyvät, kun minulla on kaksi laudaturia ja kolme cum laudea! Kippis, Antti!

Antti oli aivan samaa mieltä. Hän ymmärsi kaiken. Kaveri oli aivan oikeassa. Antti oli täysin samaa mieltä hänen kanssaan.

Tarjoilija oli kattamassa pöytää, ja Antti lähti hetkeksi ulos. Kun hän oli hetken yksin, hän tunsi, kuinka onnellinen hän oli. Voi tätä Helsingin elämää! Tällaistako tämä olisi? On tämä outoa, mutta hauskaa. Voi hitto sentään!

Kun Antti palasi takaisin sisälle, Kalle tuli vastaan. Hän laittoi kätensä Antin kaulalle ja pyörähti Antin ympäri. Kaikki nauroivat, kun Antti tuli pöytien luo, ja häneltä kysyttiin:

– Onko sinulla hauskaa, Antti?

– Voi hitto, että minulla on hauskaa!

– No, istu sitten syömään. Ja ota ryyppy myös!

– Minä otan ryypyn.

Aika kului huomaamatta. Soitto oli loppunut, ihmiset olivat poistuneet ja vain osa oli jäänyt sisälle.

Kun ruoka oli syöty, oli kahvin ja likööriin vuoro. Kalle tarjosi. Monet olivat lähteneet kotiin, ja jäljellä olivat vain innokkaimmat. He istuivat kaikki Kallen ympärillä. Hän esitti *rivoja* lauluja, mikä oli hänen erikoistaitonsa.

Antti oli väsynyt. Hän loikoili sohvalla ja hengitti *raskaasti*. Pää *painui* alas. Silmät tahtoivat mennä kiinni. Mutta laulun lopussa hän kuitenkin osallistui heiluttamalla kättään laulun tahdissa.

---

rivo: siveetön, moraaliton, ruma
raskaasti: kovasti; (tässä) syvään
painua: laskeutua; mennä alas

Tarjoilija tuli ilmoittamaan, että oli aika sulkea. Alettiin keskustella siitä, mihin ajetaan. Siitä sovittiin nopeasti.

Mutta silloin yksi kysyi, otetaanko Antti mukaan. Kaikki luulivat, että Antti nukkui. Toiset eivät halunneet Anttia mukaan ja ehdottivat, että Antti viedään Villensaunalle nukkumaan. Toiset halusivat Antin mukaan. Erittäin innokkaasti hänet halusi mukaan se, joka oli äsken ollut Antille niin ystävällinen.

– Antaa pojan tulla mukaan! Menee se sinne joskus kuitenkin. Kyllä minä huolehdin hänestä. Mutta kuulkaas, keskeytti hän samassa, minulla ei ole yhtään rahaa. Voisiko joku lainata minulle?

Antti oli noussut ja lähti epävarmasti kävelemään ovea kohti.

– Antti, kuule! Voitko sinä lainata minulle huomiseen asti pari kymppiä?

Antti kaivoi esiin kukkaronsa ja otti sieltä ensimmäiset setelit, mitkä käteen osuivat.

– Ota tuosta!

Vasta kun hän antoi rahat, hän huomasi, että ne olivat samat setelit, jotka äiti oli antanut hänelle, kun he erosivat laiturilla.

– Hyvä on! sanoi kaveri, ja rahat katosivat hänen taskuunsa. Ja sinä tulet tietysti mukaan, Antti! Ulos kaupungille?

– Tietysti Antti mukaan! huusivat nyt kaikki yhteen ääneen.

Antti ei sanonut mitään, veti vain äänettömästi takkia päälleen.

Kaikki valot oli sammutettu Kappelin edestä. Suihkulähde

ei suihkuttanut vettä. Kukaan ei istunut ulkona.

Kyyti odotti kadun varrella. Antti yritti nousta kyytiin, mutta hänen jalkansa luiskahti ja hän kaatui kadulle.

– Tätä pitää auttaa alkumatkasta! huusi kaveri toiselle ja tarttui Anttia kainaloista. Hän yritti nostaa Antin ylös.

Mutta silloin Antti pääsi omin voimin ylös, löi kädet yhteen, nousi kyytiin ja huusi:

– Kyllä minä pääsen ilman apua!

– Katsokaas poikaa!

– Tarkk'ampujankatu 15.

Kyyti lähti *saman tien* kovaa vauhtia. Ennen kuin muut edes ehtivät valmistautua lähtöön, oli Antti jo kadonnut Helsingin hämärään.

---

saman tien: heti

Kysymyksiä

1. Antti ajatteli aamulla, että hän oli sairas, koska
   a. se oli hänen rangaistuksensa huonosta käytöksestä.
   b. hän oli saanut ruokamyrkytyksen.
   c. hän oli vain juonut vähän liikaa.

2. Laivan ravintolassa Antti
   a. sanoi "Ei", kun Kalle tarjosi konjakkia.
   b. alkoi taas ryypätä Kallen kanssa.
   c. muisti Pekan puheet alkoholin vaarallisuudesta.

3. Junamatkalla Antti
   a. ei jaksanut odottaa, että pääsee Helsinkiin.
   b. ryyppäsi liikaa ja oli humalassa.
   c. alkoi pelätä, millaista elämä Helsingissä olisi.

4. Kun Antti ja hänen kaverinsa saapuivat Helsinkiin, Helsinki oli
   a. hiljainen ja pimeä.
   b. kylmä ja arkipäiväinen.
   c. valaistu ja juhlava.

5. Kappelissa Antti tunsi itsensä
   a. epävarmaksi ja ujoksi.
   b. iloiseksi ja vapaaksi.
   c. väsyneeksi ja surulliseksi.

Sanastoharjoitukset

Harjoitus 1. Valitse sopiva vaihtoehto.

1. Antti ei jaksanut odottaa uuden elämän alkua. Hän oli
   a. kärsimätön.
   b. kokematon.
   c. kohtelias.

2. Antin äiti oli satamassa
   a. vihainen.
   b. iloinen.
   c. huolissaan.

3. Äiti pyysi, että Antti käyttäisi rahaa
   a. äänettömästi.
   b. säästäväisesti.
   c. epävarmasti.

4. Alman mielestä Antti oli liian nuori ja
   a. rakastunut.
   b. vaativa.
   c. kokematon.

5. Antin ystävä Pekka oli
   a. huoleton.
   b. typerä.
   c. kunnollinen.

6. Antti halusi olla kapteenien kanssa
   a. yksinkertainen.

b. yhdenvertainen.

c. epätoivoinen.

Harjoitus 2. Aika. Yhdistä samaa tarkoittavat.

heti	kohta
silloin tällöin	juuri nyt
kuluttua	aina
pian	noin klo 12
kauan	päästä
yhtäkkiä	pitkän aikaa
parhaillaan	joskus
ikuisesti	viipymättä
puoliltapäivin	silmänräpäyksessä

Harjoitus 3. Raha. Yhdistä samaa tarkoittavat.

velka	rahallinen korvaus työstä
vähävarainen	maksuton
huonompiosainen	omaisuus
ansaita elanto	rahalaina
varallisuus	köyhä
palkka	saada toimeentulo, palkka
halpa	epäonninen
ilmainen	rikas

olla varaa   edullinen

varakas   olla rahaa hankkia jotain

Kielioppiharjoitukset

Harjoitus 1. Mitä hän teki, mitä he tekivät? Kirjoita verbin imperfekti.

Antti 1) _____ (suorittaa) tutkintonsa edellisenä keväänä.

Antti 2) _____ (hyvästellä) perheensä satamassa.

Äiti 3) _____ (tarttua) Antin hihaan ja 4) _____ (yrittää) suudella Anttia.

Äiti 5) _____ (murehtia), koska hänen poikansa 6) _____ (lähteä) pois kotoa.

Anttia 7) _____ (hävettää), koska äiti oli niin tunteellinen.

Pekka 8) _____ (hillitä) tunteensa ja 9) _____ (nyökytellä) hyvästit kaikille.

Laivassa tuntematon herrasmies 10) _____ (loikoilla) sohvalla ja 11) _____ (halveksia) muita matkustajia.

Antti 12) _____ (ihailla) tuntematonta herrasmiestä.

Antti 13) ____ (syödä) ja 14) ____ (juoda) laivan ravintolassa.

Antti ja Kalle 15) _____ (ryypätä) ja 16) _____ (polttaa) sikareita.

He 17) _____ (rentoutua) ja 18) _____ (huokaista) syvään.

Harjoitus 2. Mitä matkalla tehtiin? Kirjoita verbin passiivin imperfekti.

Satamassa 1) _____ (viedä) tavaraa laivaan.

Matkustajille 2) _____ (toivottaa) onnea.

Laskusilta 3) _____ (nostaa) kapteenin käskystä.

Matkan alussa 4) _____ (olla) kannella ja 5) _____ (heiluttaa) nenäliinoja.

Matkalla 6) _____ (syödä) ja 7) _____ (juoda).

Laivassa 8) _____ (kilistää) laseja ja 9) _____ (ryypätä).

Illallisella 10) _____ (puhua), 11) _____ (kertoa) tarinoita toisille ja 12) _____ (pelata) korttia.

Kun laivalla 13) _____ (tavata) tuttuja, 14) _____ (tarjota) ryyppyjä, 15) _____ (ojentaa) laseja ja 16) _____ (huutaa) kovalla äänellä sekä 17) _____ (innostua) tilaamaan lisää juotavaa.

Lappeenrannassa 18) _____ (kantaa) tavaroita laivasta ja 19) _____ (ajaa) hotellille.

Helsingissä 20) _____ (päättää) ajaa Kappelille.

Kappelissa Antti 21) _____ (esitellä) uusille ystäville.

Kappelissa 22) _____ (keskustella), mitä syödään ja 23) _____ (kuunnella) myös Antin mielipidettä.

Harjoitus 3. Kirjoita "olla tekevinään" -muoto = teeskennellä, että tekee jotain.

lukea → luke(vat) → luke**vinaan**
juoda → juo(vat) → juo**vinaan**
mennä → mene(vät) → mene**vinään**
levätä → lepää(vät) → lepää**vinään**
häiritä → häiritse(vät) → häiritse**vinään**
paeta → pakene(vat) → pakene**vinaan**

Antti oli 1) _____ (tutkia) kalenteria ravintolassa.

Lotten oli 2) _____ (suuttua) Kallelle.

Antti ei ollut 3) _____ (nähdä) Pekkaa.

Antti ei ollut 4) _____ (tietää) laivan lähdöstä.

Kalle oli 5) _____ (ihmetellä) ravintolan ovella.

Antti oli 6) _____ (olla) ihan selvä.

Harjoitusten ratkaisut: www.artemira.eu/fer

FINNISH EASY READING
(HELPPOA LUETTAVAA SUOMEKSI)
SARJASSA JULKAISTUT KIRJAT

Taso A (HELPPO)

Juhani Aho: Helsinkiin
Minna Canth: Hanna
Minna Canth: Työmiehen vaimo
Jalmari Finne: Kiljusen herrasväki

Taso B (KESKITASO)

Juhani Aho: Juha
Juhani Aho: Yksin
Minna Canth: Anna Liisa
Minna Canth: Köyhää kansaa
Joel Lehtonen: Kerran kesällä

Taso C (VAATIVA)

Maria Jotuni: Kun on tunteet
Johannes Linnankoski: Laulu tulipunaisesta kukasta

Printed in Great Britain
by Amazon